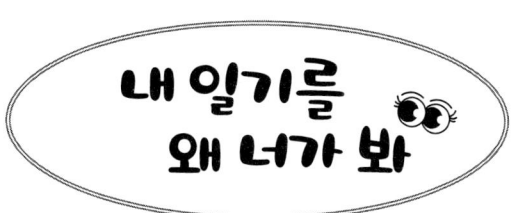

내 일기를 왜 너가 봐

초판 1쇄 발행 2025년 8월 29일

글·그림 허은재
펴낸이 장길수
펴낸곳 지식과감성⁺
출판등록 제2012-000081호

교정 김지원
디자인 강샛별
편집 강샛별
검수 이주연, 이현
마케팅 김윤길

주소 서울시 금천구 벚꽃로298 대륭포스트타워6차 1212호
전화 070-4651-3730~4
팩스 070-4325-7006
이메일 ksbookup@naver.com
홈페이지 www.knsbookup.com

ISBN 979-11-392-2763-5(03810)
값 13,500원

- 이 책의 판권은 지은이에게 있습니다.
- 이 책 내용의 전부 또는 일부를 재사용하려면 반드시 지은이의 서면 동의를 받아야 합니다.
- 잘못된 책은 구입하신 곳에서 바꾸어 드립니다.

지식과감성⁺
홈페이지 바로가기

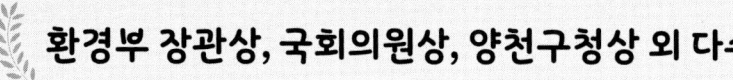
환경부 장관상, 국회의원상, 양천구청상 외 다수

내 일기를 왜 너가 봐

글·그림: 허은재

나의 어린 시절로 들어가기 전에

《내 일기 왜 너가 봐》는 초등학교를 다녔던 나의 일상 이야기를 날짜 순서대로 정리한 일기이다. 1학년부터 3학년 때 기록을 바탕으로 나열했다. 초등학교 1학년이라는 늦은 나이에 한글을 깨칠 수 있었던 결정적인 계기는 독서 그리고 엄마와 일기 쓰기였고, 나에게 일기와 그림은 늘 즐거운 놀이와 같았다.

한글을 어느 정도 쓰기 시작한 초등학교 2학년 때는 혼자서 다양한 형태의 일기를 써야 했다. 왜냐하면 아직 경험치는 적은데 하루하루 써야 하는 이야깃거리가 필요했기 때문이다. 그래서 일기에 내가 좋아하는 그림과 지어낸 이야기, 만화, 시, 고사성어 등의 형식으로 채웠다. 일기는 다양하게 표현할 수 있도록 자유로운 공간을 제공했고 내 마음대로 표현하는 즐거움을 주었다. 그래서인지 2학년 때 일기를 가장 많이 썼다.

3학년 때는 아쉽게도 선생님이 날짜 쓰는 것을 지적해 주지 않았다. 그래서 날짜를 쓰지 않고 손 가는 대로, 마음 가는 대로 글을 쓴 흔적이 보인다. 다행히 3학년 때 김민영 선생님이 우리 반 문집을 만들어서 그곳의 날짜와 일기를 비교해서 보면 어느 정도 내 기록물의 날짜가 예측 가능하다는 것이다. 일기장을 정리하면서 초등학교 때 쓴 필체를 그대로 출판하기를 원했는데 하루에 한 주제에 관한 내용을 길게 쓴 것을 한 페이지로 정리하지 않으면 쪽수가 많아져 불가피하게 워드 작업을 해야 했다. 워드 작업을 한 것이 깔끔하기는 한데 글씨에 감정이나 감흥이 없어 아쉬움으로 남는다.

초등학교 때의 허은재는 당돌하고 자신감이 넘쳐 보인다. 그림 그리는 선에서 풍겨 나온 기운생동이 공부에 치여 잠시 놓아둔 나의 본능을 자극시켜 그림을 그리고 싶다는 강한 충동을 일으킨다. 어렸을 때의 자유로움을 잇고 싶은 감정들은 수능 교재를 보는 순간 마음속에 꾹 구겨 넣었다.

'축구선수는 축구만 잘하면 되고, 미술 하는 사람도 그림만 잘 그리면 되지 않을까'라는 생각에, 전에 엄마가 문재인 대통령에게 보낸 편지를 다시 정리해 〈미래의 대통령에게〉라는 글로 이 일기를 마무리하고자 한다.

이 일기장은 ✏️

1. 날짜 순서대로 엮여 있다.
2. 일기책을 읽다가 그림이 나오면 색칠할 수 있도록 했다.
    - 색칠 놀이 활동을 통해 소근육과 집중력, 색채 감각을 키워보는 좋은 기회 제공.
3. 이 일기장은 저의 기록물뿐만 아니라 이 책을 구입한 자녀분들의 기록물이 될 수 있도록 자유롭게 표현할 수 있는 빈 공간을 만들었다.

목차

- 1일　초등학교 1학년: 엄마와 함께하는 즐거움　_9
- 2일　초등학교 2학년: 일기 쓰는 즐거움　_53
- 3일　초등학교 3학년: 일기로 소통하는 즐거움　_117
- 4일　미래의 대통령에게　_155
- 5일　2016년 우리는 5ㅏ나 학급문집　_159
- 6일　롤링 페이퍼　_171
- 7일　내 마음대로 만화 그리기　_175
- 8일　귀여운 캐릭터 색칠하기　_201
- 9일　나는 꼬마 화가　_205
- 10일　미세먼지가 내려요　_209
- 11일　나의 갤러리　_231

초등학교 1학년:
엄마와 함께하는 즐거움

| 2014년 7월 12일 토요일 | 날씨: 해야 넌 안 덥니? |

나는 친구들과 서서울 공원에 갔다. 그곳 분수대에서 물놀이를 했다. 친구들과 페트병에 물을 받아 잡기 놀이를 했다. 어떤 잡기 놀이냐면 술래가 어떤 애를 잡으면 그 애 목에 물을 뿌리는 놀이다. 술래가 아무도 못 잡으면 술래 목에 물을 뿌리는 놀이인데 재미있다.

| 2014년 7월 23일 수요일 | 날씨 : 변덕쟁이 |

제목 : 냠 냠! 맛있는 급식

학교 급식은 참 맛이 있다.
수요일은 수다날이다.

오늘의 메뉴는 싱싱 어린잎 야채 비빔밥,
튼튼 근대 된장국,
바사바삭 달콤한 츄러스,
아삭아삭 백김치,
얼음 꽁꽁 아이스 홍시.

이 중에서 얼음 꽁꽁 아이스 홍시가 제일 좋다.
왜냐하면 좀 차가워서 좋기 때문이다.

| 2014년 7월 27일 일요일 | 날씨 : 흐리고 비가 와요 |

경기도 가평 2박 3일로 가족과 함께 캠핑을 갔습니다.
금요일 밤은 계곡에 도착했는데 계곡 물소리인지 우박 소리인지 구별하기 힘들 정도로 비가 쏟아졌다. 토요일 날도 비는 내렸는데 엄마가 다행히 비옷을 가져왔다. 비옷을 입고 계곡으로 내려가 사람 모양으로 돌을 모아 물을 쉬게 했다.

큰 돌을 먼저 쌓고 새어 나가는 물줄기는 작은 돌들로 메웠다. 물줄기한테 "여기서 잠시 쉬어 가렴"이라고 말했다. 물줄기도 쉬고 있을 거다.

마지막 일요일은 감사하게도 물놀이하기 좋게 비가 자리를 내주었다. 우선 수영복 착용, 구명조끼, 튜브, 물안경을 쓰고 계곡물 속으로 "풍덩" "앗 차가워" 보트로 급류 타기를 시도했으나 번번이 실패. 아빠의 두려운 급류 타기는 계속되었으나 "으아앙!" 그만 물에 빠진 생쥐 꼴로 끝났습니다.
그래도 ♥우리 아빠 최고♥

| 2014년 8월 5일 화요일 | 날씨 : 해 쨍쨍 |

나는 오늘 과천 과학관에 놀러 갔다. 그곳에서 난 천하장사가 되었다. 10kg 무게를 들어 올렸다. 나는 2층 커다란 집도 올릴 수 있다. 허풍 허풍쟁이라고. 이제 비밀을 공개하겠습니다. 기다란 막대기와 받침대로 사용할 평평한 돌로 지레를 만들겠습니다. 짜잔! 지레의 3요소인 작용점, 받침점, 힘점을 이용하면 누구나 쉽게 무거운 물건을 들어 올릴 수 있습니다.

제목 : 넌 누구니?

커다란 화분에 수줍게 내민 얼굴 뭘까? 뭘까? 뭘까?
며칠 뒤에 들여다보니 연둣빛 얼굴이 나눠졌네. 일주일 후에 새 잎사귀를 만져보니 따가웠다. 뽀족 뽀족 가시 박힌 하트얼굴 만지지 말래. 보이는 게 부끄러워 술래잡기한대. 내가 나오라고 나오라고 물과 거름을 듬뿍듬뿍 주었더니 뱀처럼 가늘고 긴 연둣빛 손을 뻗어 나를 잡으려고 해요. 나는 도망가고 엄마는 장대를 꽂아 긴 줄을 만들었어요. 줄을 향해 덩굴이 뱀처럼 끈에 톨톨 감아 앞으로 앞으로 나아갑니다. 가는 도중 오른쪽 하트 잎사귀 쑤욱 조금 가다 왼쪽 잎사귀 쑥쑥 듬뿍듬뿍 생기더니 앙증맞고 작은 노랑 꽃이 피었어요. "와우" 이럴 때 하는 거야. 벌들도 "와우", 나비들도 "와우" 모여들었어요. 꽃을 보니 엄마 얼굴 활짝, 아빠 얼굴 활짝, 내 얼굴도 활짝. 우리 가족 얼굴에도 꽃이 피었네. 하하하 호호호호.
호박일까? 오이일까? 참외일까? 나는 참외라고 했고, 엄마는 호박이라고 했다. 아빠가 마당으로 나오시더니 "참외꽃이 예쁘게 피었구나!" 노랗게 익으면 나를 준다고 했다. 하지만 그 전에 썩어 버렸다. 마른 짚으로 참외 밑동을 받쳐 줘야 썩지 않는다고 했다. 지금은 내 주먹만 한 것 두 개, 내 엄지만 한 것 두 개가 잘 자라고 있다. 노랗게 익으면 선생님 먼저 드려야지.

| 2014년 8월 23일 토요일 | 날씨: 해와 구름이 숨바꼭질하는 날 |

오늘 나는 성북구청에 상 받으러 갔다. 내 그림이 팜플렛에 나오고 내 이름도 새겨져 있는 것을 보고 신기했다.

상을 받았을 때 금메달을 목에 걸어주고 상과 선물을 주었는데 선물이 무엇이 들었는지 궁금했다. 나중에 뜯어보니 포스터 칼라였다.

그리고 금메달은 도금한 거라고 엄마가 말했지만 반짝반짝 윤이 나서 친구들이 부러워서 계속 만졌다. 상 받은 게 자랑스러웠다.

고등학교 3학년 김기령 언니가 대통령상을 받은 걸 보고 나도 이다음에 대통령상을 받고 싶다.

| 2014년 9월 14일 일요일 | 날씨 : 맑음 |

크기가 작은 우리 새끼 고양이 이름은 하트. 이름이 귀여운 사람 (O/X) 하시오. ㅋㅋㅋ 크기가 커서 어미 고양이 이름은 나비. 나비는 내가 부르면 달려오는데 하트는 경계한다. 하트 새끼들은 만지지도 못해 ㅜㅜ 하트는 아직 길들여지지 않았다. "아이 무셔" 하트 입장에서 보면 우리는 두려운 존잰가?

| 2014년 9월 21일 일요일 | 날씨 : 구름 뒤에 숨은 해 |

길들여진다는 것은 관계를 맺는다는 뜻이야. 길들여지면 서로가 필요해지는 거야. 넌 내게 이 세상에 하나뿐인 존재가 되는 거고 나도 너에게 이 세상에 하나뿐인 존재가 되는 거지. 화났어요. 심심한 마당이 잠꾸러기 봄을 불렀어요. "빈 화분들이 씨앗을 품고 싶대. 나도 아름다운 향기를 품고 싶어." 햇살을 야금야금, 거름을 아작아작, 물을 꿀꺽꿀꺽 마신 참외 애기씨가 부끄러운 엉덩이를 쑥! 내밀었어요. "아이 귀여워" 여름 아가씨가 참외 애기씨에게 황금빛의 신비로운 노란 색깔을 주었어요. 쬐그만 노란 꽃에 취해 벌들이 윙윙, 나비는 팔랑팔랑, 참외 덩굴이 길게 길게 쭉쭉 뻗더니 마당으로 아기 고양이를 불렀어요.

주제 : 내 친구 텔레비전

차 속에 세 사람이 각자 다른 생각으로 추석의 추억을 만들려고 합니다. 아빠가 고향인 진도를 가는 목적은 술, 친구, 낚시 그리고 떠다니는 수다. 아빠의 몸은 피곤하고 고단하지만 운전하는 아빠의 몸짓과 얼굴 표정은 활짝 웃음꽃이 핍니다.

엄마의 고향인 전라남도 고흥으로 가는 길은 지루한 고행의 길. 자동차 no, 핸드폰 no, 텔레비전 no 기계가 엄마를 거부해요. 엄마는 문명이 가져온 기계제품을(상자인가?) 싫어해요. 그래서 자동차에서 9시간 갇혀 가는 것을 끔찍이도 싫어하죠. ㅜ

내가 할머니 댁으로 가는 길은 즐겁고 재미있다. 왜냐하면 공부에서 벗어나 내 마음대로 할 수 있기 때문이다. 친척 오빠 베개로 때리기, 이불 가지고 놀기, 하루 종일 텔레비전 멍하니 보면서 침 흘리기, 조카 돌보기, 쪼그리고 앉아 핸드폰 보기.

다른 생각을 가진 세 사람을 태운 우리의 명마는 9시간이라는 긴 시간을 달려 할머니 댁에 도착했다.

가는 길에 낙안읍성에서 곤장과 주리를 봤다. 실제로 곤장을 들어봤더니 무거웠다. 다른 엄마가 눕고 아이가 때려 그 엄마가 무척 아파하는 것 같았다. 정말 때렸을까?

| 2014년 9월 27일 토요일 | 날씨 : 뽀송뽀송 쨍쨍 |

우리 가족과 동네 친구인 주은이 언니와 부천 동물원에 가서 신나게 놀았다. 풀 잔뜩 뽑아 사슴과 흑염소, 토끼, 기니피그 등에게 다양한 풀의 맛을 경험시켜 주느라 손이 더러워졌다. 무엇보다도 귀엽고 키우고 싶은 동물은 토끼였다. "아이 귀여워" ♥ 동물원을 지나 국화 전시관을 쭉 돌고 나서 국화 향기를 따라 쭉 가다 보면 벼를 심어 놓은 곳이 있었다. 그곳에 물이 고여있는 웅덩이에는 우렁이가 엄청 많았다. 엄마가 가져다준 컵에 우렁이를 잡으려고 신발과 옷이 흙으로 엉망이 ㅜㅜ 되도 행복한 하루였다.

| 2014년 9월 30일 화요일 | 날씨: 구름 뒤에서 해가 나를 봐요 |

오늘은 현장학습 가는 날. "야호" 마음이 설렌다. 먼저 썰매 타기. 썰매 타기 위해 올라갈 때는 힘들었는데 내려갈 때는 재미있었다. "잠깐" 고구마 캐는 것도 재미있었다. 난 모두 작은 걸 캤는데 이예은은 큰 것만 많아서 좋겠다. "아! 참" 곤충 3D 볼 때도 벌이 찐짜 내 앞으로 오는 것 같았다. 재미있기도 하고 무섭기도 했다.

윤규진은 거북이를 뒤집어서 보여주었다. 거북이가 귀엽기도 하고 좀 이상하기도 했다. 그중에 백미는 썰매 타기다. 썰매 타기가 제일 재미있었다. 여러분도 타보세요 "짱" 재미있어요.

* 백미(白眉): 흰 눈썹이라는 뜻으로, 여럿 가운데에서 가장 뛰어난 사람이나 훌륭한 물건을 비유적으로 이르는 말.

| 2014년 10월 4일 토요일 | 날씨: 구름 뒤에서 해가 나를 볼 수 없을걸 |

오늘 나는 승아네 가족과 수족관을 갔다. 수족관에서 상어랑 가오리를 보았다. 가오리가 못생긴 것도 있고 할머니 같은 것도 있음. 가오리는 아가미로 숨을 쉬는 것도 수족관에서 배운 것이다. 수족관에는 산호도 있었는데 물고기를 먹었다.

내가 만져보고 싶은 걸 알아챈 안내원 언니가 산호를 빼주었다. 그래서 만져 보았는데 손가락 하나가 빨려 들어갔다. 쬐금 아팠다. 쬐금 두렵기도 했다. 나를 삼키면 어떡하지, 라는 두려움도 있어서 식은땀이 뻘뻘 났다. 즐거운 하루고 색다른 경험이었다.

2014년 10월 6일 월요일	날씨: 햇님이 우리와 함께해요

오늘은 1학년들의 운동회를 하는 날이다.

가슴이 콩닥콩닥, 많은 재미있는 놀이들이 있었는데 그중에서 백미는 팔씨름이었다. 내 차례가 되고 내 상대는 내가 약해 보이는 것 같아 자신 있게 나와 먼저 대결하려고 나섰다. 시작을 알리는 말과 함께 온 힘을 다해 맞섰지만 내 쪽으로 기울어지기만 했다. 엄마가 지켜보고 있다는 생각에 힘이 불끈 생기더니 내가 이겨 버렸다. 역전시킨 것이다. 음하하하하~ 내 모둠이 이길 수 있었던 계기는 게임마다 한 사람씩 잘하는 게 있었다.

* 계명구도(鷄鳴狗盜): 쓸모없는 사람은 없고 아무리 하찮은 재주라도 귀중하게 쓰일 때가 있음.

| 2014년 10월 7일 화요일 | 날씨: 해가 방긋 |

백지훈과 윤규진은 손가락을 많이 빨아서 선생님이 와 보라고 했다. 그 애들이 나오니까 대일밴드를 붙여줬다. 그건 잘해서 붙여준 게 아니라 계속 손을 빨아서 나쁜 버릇을 고치라고 그런 거다.

학용품 못살게 구는 사람, 최지웅과 손동욱은 지우개를 함부로 작게 나누어서 버리고 다시 사는 낭비의 소년들. 이 애들의 나쁜 버릇 때문에 선생님한테 혼나는 걸 보고 나는 타산지석으로 삼아야겠다.

* 타산지석(他山之石): 다른 산의 나쁜 돌이라도 자기 산의 옥돌을 가는 데에 쓸모가 있다는 뜻으로, 남의 하찮은 말이나 행동도 자신을 수양하는 데에 도움이 될 수 있음을 비유적으로 이르는 말.

| 2014년 10월 8일 수요일 | 날씨 : 화창 |

우리 학원에 다니는 박준수 "축하해 많이 많이" 세상 사람들 다 내 말을 들으세요. "공항 미술대회에서 내 친구 준수가 최우수상을 받았어요." 자랑스러운 내 친구 부럽지만 축하해 줘야지.

엄마는 준수에게서 그림을 완성시키는 성실함을 배우라고 한다. 신예빈에게는 차분함을, 김은율에게는 집중력을(책 읽어 줄 때), 박승아에게는 순간순간 상황의 대처 능력이 뛰어나다고 그 장점들을 잘 배우라고 하신다.

나는 친구들에게 어떤 영향을 줄까? 흔들리지 않는 마음을 가지고 다른 사람의 거울이 될 수 있는 명경지수의 마음을 갖고 싶다.

참고로 박준수는 양강 초등학교 1학년이다.

* 명경지수(明鏡止水): 맑은 거울과 고요한 물.

| 2014년 10월 19일 일요일 | 날씨 : 화창 |

"생일 축하해. 내가 어떤 선물을 가져왔게. 궁금하지? 선물을 풀어 봐." 짜잔~ 그 선물을 풀어본 학교가 밝은 얼굴로 웃었어요. 그 속에는 학교를 사랑하는 마음이 듬뿍 듬뿍 담겨져 있었어요.

"34살의 생일을 진심으로 축하해. 너 나이가 많으니 지혜롭겠다. 너의 지식과 지혜를 나눠줄 수 있니? 부탁이야~ 난 너하고 친구가 되고 싶어. 나랑 친구 하자." 그렇게 우리는 친구가 되었다.

* 관포지교(管鮑之交): 우정이 아주 돈독한 친구 관계를 이르는 말.

2014년 10월 22일 수요일	날씨 : 화창

가게 놀이 하면서 아쉬웠던 점은 노란색 아이클레이를 사고 싶었는데 문려은과 가위바위보 했는데 져서 난 빨간색을 사게 되었다. 또 한 가지는 책을 샀는데, 엄마가 이 책 내용을 보더니 다섯 살 애들이 보는 책이라며 왕핀잔을 주었다. 200원인데 아깝당. 이 책을 어떻게 하지 버리자니 아깝고 가지자니 보관하기도 그렇고 조조가 말한 계륵의 상황과 같은 처지이네.

* 계륵(鷄肋): 닭의 갈비라는 뜻으로 그다지 큰 소용은 없으나 버리기에는 아까운 것을 이르는 말.

| 2014년 10월 25일 토요일 | 날씨 : 낚시하기 좋은 날 |

가족과 경기도 화성시 왕모대 수로로 낚시를 갔다. 우리 아빠는 아침밥도 놔두고 물고기를 잡는 데만 집중해서 붕어 12마리나 잡았다. 매운탕 끓어 먹는다고 했는데 엄마가 맛없다고 해서 놓아주기로 결정했다. 아쉽다.

집으로 갈 때에 작은 것은 내가 놓아주고 큰 것은 아빠가 놓아줬다. 아빠는 붕어를 놓아주면서 무척 아쉬워하며 붕어 비늘이 예쁘다고 했다. 그런데 놓아준 붕어가 놓아준 자리에 그대로 있었다.

"왜 붕어가 안 도망가요?"

"아직도 자기가 잡혀 있는지 아나보다."

멍때린 붕어~ 쉽게 아빠가 다시 붕어를 잡았다가 멀리 밀어 놓아줬다. 넌 이제 자유야~ 낚시꾼에게 잡히지 마. 하지만 소 귀에 경 읽기지. 아니지 어이독경이야. 또 잡히겠지.

* 우이독경(牛耳讀經): 소귀에 경 읽기라는 뜻으로 아무리 가르치고 일러 주어도 알아듣지 못함을 이르는 말.

| 2014년 11월 2일 일요일 | 날씨: 바람이 분다 |

아빠 발은 보라색으로 그렸고 엄마 발은 초록색, 내 발은 핑크색이다.

내가 발가락에게 말했다. 너희들 중에 누가 제일 자랑거리가 많아. 서로 자기가 많다고 투덜투덜 다툰다. 엄지발가락이 말했습니다. "내가 넓고 크므로 내가 사랑받을 거야." 둘째 발가락도 지지 않고 말했다. "내가 키가 크고 날씬하니까. 내가 사랑받을 거야." 옆에 있던 셋째 발가락도 소리소리 높여 말했다. "난 소중하니까 날 지켜줘." 가만히 듣고 있던 넷째 발가락이 의젓하게 말했다. "난 아기 발가락을 지켜줘야 해." "언니 최고! 언니들이 나를 예뻐해 줘야 돼. 아잉~" 새끼발가락이 귀엽게 말했다.

"얘들아 멈춰! 너희들 모두 나에게 필요한 존재야. 하나하나 소중해. 너희들이 있기 때문에 내가 걷고 뛰고 자유롭게 움직일 수 있어. 고마워. 너희들은 어중이떠중이들의 모임인 오합지졸이 아니야. 나에게 없어서는 안 될 소중한 몸의 일부야."

* 오합지졸(烏合之卒): 까마귀가 모인 것처럼 질서가 없이 모인 병졸(군중)이라는 뜻.

| 2014년 11월 9일 토요일 | 날씨: 낚시하기 좋은 날 |

우리 가족은 서산 벌천포로 놀러 갔다. 아빠가 낚시하는 동안 엄마와 나는 굴 따면서 시간을 보냈다. 굴을 전문적으로 따는 할머니를 쫓아가려고 했는데 바위마다 연한 몸을 감싸고 있는 굴의 석회질 때문에 멈칫멈칫... 멈칫. 넘어지면 크게 다칠 것 같아 두려웠지만 호기심이 발동하여 할머니 곁으로 갔다. 할머니 손놀림은 빠르고 정확했다. "할머니 완전 잘 캔다." 내가 감탄사를 연발하자 "그것 가지고 되겠냐? 장갑도 끼고 더 뾰족한 도구로 해야지." 그렇다. 할머니 것과 내 것을 비교해 보니 할머니 것이 뾰족해서 효과 만점이었다. 굴 따면서 굴 안에 어린 게가 있었는데 게가 굴을 먹는 건지 아니면 굴이 게를 먹는 건지 궁금해서 물어보니 굴 속에 들어간 게가 먹는다. (O/X) 어린 게가 숨기 위해서란다.

물이 너무 차서 낚시가 안 되자 벌천포 오토캠핑장과 해수욕장을 걸으면서 예쁜 조약돌을 비닐 가득 주웠다. 물은 맑고 산은 자줏빛이었다.

* 산자수명(山紫水明): 산은 자줏빛이고 물은 맑다는 뜻으로 경치가 아름다움을 이르는 말.

| 2014년 11월 11일 화요일 | 날씨 : 추워요 |

나는 오늘 학교에서 급식 다 먹고 김은율, 손동욱, 박존귀와 같이 나무 블록 쌓기 하고, 공깃돌을 가지고 놀았다. 쉬는 시간이 끝나서 박존귀는 정리를 안 하고 갔고, 손동욱은 정리도 쪼금만 하고 갔다. 옆에 있던 은율이가 선생님에게 쪼르르 달려가 말했다. 같이 놀았는데 손동욱과 박존귀는 왜 정리를 안 하냐고 했다. 선생님이 은율이한테 뭐라고 말한 것 같은데 결국은 은율이와 내가 정리를 해야 했다.

가끔 선생님도 이상하다. 손동욱 그리고 박존귀! 자기가 정리해야 할 일들을 안 하면 안 돼! 자기가 저지른 일은 자기가 해결해야 해.

* 결자해지(結者解之): 맺은 사람이 풀어야 한다는 뜻으로 자기가 저지른 일은 자기가 해결해야 함을 이르는 말.

| 2014년 11월 16일 일요일 | 날씨 : 으으~ 추워 |

나는 하루 중 2시간 정도 논다. 그중에서 비가 오거나 추우면 꼼짝없이 방에서 놀거나 책을 읽는다. 뒹굴뒹굴 노는 걸 보면 엄마가 공부를 하라고 한다. 아~ 한자, 독서록, 받아쓰기 등을 하다 보면 하루가 지나가 버린다.

난 왜 공부를 해야 할까? 사람들은 크면 어떤 식으로든 돈을 벌어야 한대. 어떤 사람은 자신이 좋아하는 일을 하면서 돈을 벌고 또 다른 사람들은 할 수 없이 생계를 위해 일을 한대. 내가 미리 준비하고 갖추어 놓으면 내가 좋아하는 일을 하면서 돈을 벌게 되겠지.

* 유비무환(有備無患): 미리 준비가 되어 있으면 걱정할 것이 없음.

2014년 11월 23일 일요일	날씨: 쌔쌤 자전거 타기 좋은 날

나는 오늘 12시에 엄마와 자전거를 타고 서서울 공원으로 산책하러 갔다. 두발자전거를 오랜만에 타서 그런지 좀 서툴렀다. 자전거가 멈추면 엄마가 잡아 줘야 한다. 왜냐하면 출발할 때 오른발 페달을 내려 밟고 왼쪽 페달을 빨리 밟아 균형을 잡아야 하는데, 행동을 빨리 할 수 없기 때문이다.

우리가 서서울 공원에 도착할 때가 12시 20분이었다. 가을을 느끼려고 왔는데, 내 관심은 발밑에 움직이는 작은 생명체에 관심이 더 많다. 엄마가 "가을은 멋쟁이야!"라고 다채로운 풍경을 가리키면 "엄마 조금만 더 커서 가을을 느낄게요."라고 말하며 돌을 밟으면서 뛰어다녔다.

| 2014년 11월 29일 토요일 | 날씨: 뛰어놀기 좋아요 |

우리 가족은 십중팔구 토요일은 여행을 가거나 산책을 간다. 이번 주는 은율이와 서서울 공원에 가서 녹슨 담에 돌멩이로 그림을 그리면서 놀았다. 녹슨 담에 그림 그리면서 노는 것도 무척 재미있었다.

엄마는 십중팔구 늘 바쁘게 움직인다. 엄마는 빨래하고 밥하고 청소하고 아이들을 가르치느라 정신이 없다. 그중에 가장 힘든 것이 김치 담그는 거라고 한다. 엄마는 참 좋은 분이시다.

아빠는 십중팔구 일하러 가신다. 아빠는 우리 가족의 생계를 위해 힘든 일을 하러 간다고 한다. 그래서 나는 내가 좋아하는 일을 하고 맛있는 음식을 먹으면서 아빠는 얼마나 힘든 일을 할까 가끔 생각한다. 아빠가 힘을 냈으면 좋겠다. "아빠 파이팅!"

* 십중팔구(十中八九): 열 가운데 여덟이나 아홉 정도로, 거의 대부분이거나 틀림없음을 이르는 말.

나는 강서초등학교 1학년 2반 허은재 야.
나는 책 먹는 여우아저씨 처럼 내마음에 드는 책이 있으면
설탕 조금, 소금 조금 뿌려 두 세번 읽어.
내 꿈은 하얀 종이 위에 이야기와 색깔을 담을수 있는 멋진 화가 가 되는 것이 야.
하이디! 내 머릿속은 너의 할아버지가 계시는 알프스로 꽉
차 있어. 하이디가 키우는 백조와 곰(염소)들과
나도 초원을 뛰어다니고 싶어. 나를 초대해 주지
않을래? 네가 초대해 주면, 난 너무 기쁠거야.
구름 위를 나는 비행기를 상상 하며, 반짝이는 별을 세다 자는
너의 잠자리를 생각만 해도 행복해져.
알프스에서 프레드릭 처럼 맑고 마은 햇살을 몸에 담아 담아
색깔을 눈으로 모아모아
이야기를 머리에 채워채워
이상한 나라 앨리스 처럼 회중시계를 들고 있던
흰토끼와 가짜 바다 거북이나 그리핀과 같은 기묘한 동물 그리고 카드병정이
홍학을 가지고 고슴도치를 치는 크로케 경기들을 경험 하여
꿈과 환상으로 가득찬 이야기들을 모아 하얀 종이 위에
그리고 싶어.
알프스 에 초대해죠. 뿌잉뿌잉

2014년 12월 9일 화요일

일어난 시간: 7시 30분
잠드는 시간: 10시

작심 삼일 作心 三日 어제 단단히 말안 하고그림 그린다고 내가 말했는데 하루도 못가서 그냥 포기 했다. 갑자기 말이 나올 것같아서 참다 못해 말이 나왔다. 작심삼일하고 똑같이 되었다. 이번에는 반드시 지킬 것이다. 그런데 나도 모르게 말이 나오는 걸 어떻게 참고 또 참았는데 애들의 말소리가 나오니 더욱 참을수 없어 스윽 말을 해 버린것이다. 집중하는 것은 어두운 길에 등불같이 있다. 하지만 그 등불이 꺼지면 집중력이 떨어지는 것이다. 집중력은 등불이다. 그 등불을 떨어뜨리거나 꺼지게 하면 안된다는 것이다. 집중을 계속 해야 된다. 애들이 떠들어도 집중력을 잃으면 안된다는 것이다. 오늘 배울 내용은 작심삼일이었다.

오늘한일: 받아쓰기, 한자, 책읽기, 공부등
내일할일: 내일 꼭 대한태권도 가보기

웃음의 종류

2014년 12월 9일 화요일

일어난 시간: 7시 30분
잠드는 시간: 10시

소문만복래 笑門萬福來 웃으면 복이 온다는 뜻이다. 웃음의 종류를 알아볼까? 웃음의 종류는 다양하다. 하하하..., 히히히.. 헤헤헤, 호호호 다양한 웃음들이 많다.

우리 아빠는 내가 웃으라 그러면 큰소리로 하하하 하고 웃는다. 엄마는 내가 웃으라 그러면 호호호호 비슷하게 웃는다.

그러나 내 주위의 사람들은 매일 웃으면서 있지 않다. 안 웃을 때가 많다. 항상 웃으라그럴때 그분이 안좋거나 오늘 무슨 일이있을때, 매일 웃을 수는 없다. 화났을 때 웃으라그러면 더 화난다. 불났을때 부채질 하는 거나 다름 없다. 그 때는 참아야 한다, 침묵해야해.

오늘한일: 영어책 꼭 읽기 ♡

내일할일: 인성 나무 책 꼭 가져가기

2014년 12월 11일 목요일

일어난 시간 7시 30분
잠드는 시간 10시 30분

즐 高 自 卑 오를등 높을고 스스로자 낮을비 등고자비
높은 곳에 이르기 위해서는 낮은곳부터 밟아야 한다.

나보다도 어린 유치부가 태권도에 있는데 초록띠 였다. 나보다 어린데 나는 창피 했고 나보다 어린그애가 부러웠다. 태권도 도복은 받았지만 부러웠다. 엄마가 낮은 곳부터 밟아서 높은 곳으로 가야한다고 했다. 그때는 나는 하얀띠 였다. 하지만 아직도 그어린 애가 부럽다. 나도 태권도 잘하면 높은 곳에 올라가겠지. 아참 윤규진도 나랑 같은 태권도 다닌다.

오늘한일 그림그리기
내일할일 한자쓰고 영어책 꾸준히 읽기

2014년 12월 13일 December Saturday 요일

일어난 시간: 9시
잠드는 시간: 11시 10분

三寒四溫(삼한사온) 겨울철에 한국·중국·만주 등지에서 3일 가량 추운 날씨가 계속 되다가. 다음 4일 가량은 따뜻한 날씨가 이어지는 주기적(週期的) 주기적인 기후 현상.

나는 오늘 토요일이라 엄마와 산책을 자전거를 타고 갔다. 한참을 가고 있는데 너무 추워서 얼어 죽을것 같아 엄마가 시장만 갔다 오자고 했다. 그래서 좀 아쉬웠지만 엄마가 맛있는 것을 사주었다. 엄마가 말했다.

"사일 따뜻하고 삼일 춥다는 말도 옛날 말이구나" 왜 추운 걸까? 환경을 사람들이 많이 파괴 하고 나무를 심지 않아서 그렇다고 한다. 겨울 내내 추우면 어떻게 하지?

이어서) 내가 환경에게 해줄수 있는 일이 뭘까? 지금 내가 할수 있는 일은 분리수거 하기다.

이어서) 학용품도 아끼고 옷도 깨끗이 입으려고 노력해야 겠다. 그러면 날씨가 따뜻해지겠지.

2014년 December 12월 14일 Sunday 일요일

일어난 시간: 10시 30분
잠드는 시간: 10시 30분

竹馬故友(죽마고우) 죽마를 타고 놀던 벗, 곧 어릴 때 같이 놀던 친한 친구.

　내 죽마고우의 친구는 김은율 과 박승아 다. 우리는 죽마를 타고 노는 친구는 아니지만 그림을 그리면서 놀거나 소꿉놀이를 하는 친구다. 지금도 즐거운 친구 지만 승아하고 은율이는 싸울 때도 있다. 우리 엄마가 그러신다. 싸우면서 아이들은 크는 거라고 한다. 나는 싸우려고 하면 싸우기도 전에 울음이 나오려고 하다가 울어 버린다. 울음이 나오기전에 내 의견과 내 입장을 이야기 해야 겠다. 안 그러면 계속 시끄럽게 울어 버리겠지. 내 친구는 중마고우가 아니라 도화 고우다.

오늘한일: 교회 갔다왔 다. ←껌
내일할일: 독서록 쓰기 꼭

2014년 December 12월 16일 화 Tuesday 요일

일어난 시간 7시 40분

잠드는 시간 10시 30분

敎學相長 교학상장 남을 가르치는 일과 스승에게서 배우는 일은 다 함께 자기의 학업을 증진(土曾進)시키는것임을 이르는 말.

우리 학교 우리 반에 우리보다 어린 애들이 왔다. 유치원생들은 내년에 이학교에 입학할 애들이다. 신기 초롱초롱 호기심 팡팡 선생님이 종이 접기를 하라고 했다. 종이 접기를 그 애는 못해본것 같은데 잘했다. 그래도 도와 주고 싶은 마음에 살짝 풀붙이기와 꽃잎 만들기를 도와주었다.
가르치는 일은 참 어렵고 많이 배워야 남을 쉽게 가르칠수 있다는것을 배웠다. 이어서

오늘한일 세종대왕 읽기

내일할 일 세종대왕 이어서 읽기

＊학업: 공부를 하는 것

( )

12 월 17일 수요일	
일어난시각 시 분	잠자는시각 시 분

우리의 구불구불 특공대!

승아, 승아 응답하라, 구불구불 산길에 갔다

그곳에는 큰 개 한마리 울부짖고

있어요. 그다음은 고양이 산길 정 말

재미 있는 산길이 많네.

승아 응답하라, 지금 줄을 타고

내려가는 길 으아악!

은재야? 어! 승아야

나 살았어......

오늘의 중요한일	오늘의 착한일 힌트 → 요정
오늘의 반성	내일의 할일

| 2014년 12월 21일 일요일 | 날씨 : 눈이 내려요 |

제목 : 생상스 동물의 사육제 중 사자왕의 행진을 듣고

아기 사자가 엄마 사자와 잠을 자다 일어나 길게 하품을 하고 소리를 으르렁 지르니 주변에 모든 동물들이 무서워서 도망가거나 굴속으로 쏘쏙 들어가 고요한 긴장감이 흘렀다. 엄마 사자가 사냥 가고 없는 사이에 아기 사자는 엄마 사자 흉내를 굴 밖으로 나가서 낸다. 초원의 왕 사자 나가신다. 길을 비켜라. 길을 비켜라. 풀숲에 있는 영양 세 마리 후다닥 달아나고, 시냇가에 있던 홍학이 놀라 긴 다리 뻗어 푸드득 날아가니 후다닥 원숭이 떼가 쏜살같이 나무 위로 올라가요. 주변에 있던 엄마 타조가 그 소리에 놀라 아기 타조를 데리고 탁타닥 도망가요. 그것도 초스피드로~ 초원의 왕 사자 나가신다. 길을 비켜라. 누가 감히 나와 싸울 것인가? 나는 초원의 왕자 사자다. 주변의 모든 동물들이 놀라 후다닥, 깡총, 파드닥, 휙휙, 쏘쏙. 아기 사자 앞에서 길을 비켜 줘요. 사자왕의 행진을 듣고 한번 적어 보았습니다.

| 2014년 12월 25일 목요일 | 날씨: 눈 올 것같이 흐려요 |

자고 일어나서 엄마를 깨우고 책상 위, 의자 위아래를 다 둘러보았는데 선물은 없었다. 방으로 들어왔는데도 내 선물은 없는 것 같았다. 실망하여 고개를 숙이고 있는데 엄마가 외쳤다. "저거 선물 상자 아니야?" 꽃으로 된 포장지였다. 내 선물을 찾았다. 뜯었는데 슬픔은 가고 즐거움이 왔다. 왜냐하면 문자로 아이콘 케이스만 달라고 문자 보냈는데 아이콘 케이스 2통과 10칸 쓰기 공책도 4권이나 주셨다. 또 아이엠스타 비밀 일기장도 주셨다. 나는 아이콘 케이스만 달라고 문자 보냈는데 이렇게 기쁜 날은 처음이다. "아이 좋아라" 선생님 선물 받으셨나요?

그리고 산타 할아버지가 어디서 사는지 노트북으로 검색해 본 결과 산타 할아버지는 추운 나라 필란드에 계신다고 한다. 사실 그렇게 먼 곳에서 어떻게 여기까지 오셨을까? 궁금하다. 어떻게 아니 무얼 타고 오셨나요? 오토바이, 눈썰매, 줄 무얼 타고 온지 그것이 궁금해요. 노트북으로 검색해 볼 수 있을 때 쳐서 무얼 타고 온지 알려드릴게요.

잠깐! 착한 일은 많이 할수록 좋고 선물도 많이 받을수록 좋다는 게 오늘의 키포인트.

* 다다익선(多多益善): 많으면 많을수록 더욱 좋다는 뜻.

2014년 12월 28일 일요일	날씨: 흐려요

나는 친구 2명과 삼총사다. 우리는 미술, 피아노를 같이 다닌다. 그림을 그릴 때 같이 나란히 앉아 있으면 우리의 잡담은 시작된다. 끝없이 이어지는 이야기는 미술학원이라는 공간을 시끄러운 이야기로 꽉 채운다. 시끄러운 이야기가 꽉 차면 엄마는 화내고 우리를 떼어 놓는다. 도대체 이 상황에서 왜 말이 나오지. 아! 정말 말은 못 말려. 엄마는 구물잡담이라는 말을 하고 싶었을 것이다. 그러면서 "지금부터 떠드는 사람은 오늘 간식 없어요." 그 말이 떨어지기 무섭게 1학년과 2학년 학생들이 집중을 한다. 왜냐하면 말로 하는 잡담보다 달콤한 간식이 우리의 입맛을 달게 해 주기 때문이다. 나의 집중력을 방해하는 놈은 입 말고도 손이 있다. 만지작만지작, 꼼지락꼼지락 이게 무슨 소리인지 아세요? 내 손이 손장난을 하고 있는 소리예요. 그것도 엄마가 책을 읽어 주고 있을 때 내 손은 만지고 놀 무언가를 찾고 있어요. 찾으면 그때부터 내 손은 바빠지기 시작해요. 손톱 물어뜯기, 팝콘 먹기, 예쁜 것 만지기 등. 내 손이 바빠지면 엄마 얼굴이 울구락 불구락 변하며 화를 내요. 화가 나면 엄마는 꾸지람을 해요. 누가 내 손 좀 말려줘요. 난 언제쯤 수물잡희할까?

* 구물잡담 수물잡희(口勿雜談 手勿雜戲): 입으로 잡담을 하지 말고 손으로는 장난을 하지 말라.

2015년 1월 3일 토요일

일어난 시간: 9시
잠드는 시간: 10시

은율이와 눈썰매장을 갔다. 눈썰매를 먼저 탔다. 조금 무서우면서도 재미있었다.
바이킹을 이번에는 탔다. 은율이는 아래에 보이는 놀이기구가 끝도보기 싫어서 다른곳을 보고 있었다.
그리고 위로점프를 탔다. 위로 올라갈 때 조금 무섭다가 엄청 무서워 졌다.
위로 위로 하늘의 구름을 잡을 수 있겠다.
아래 눈썰매 타는 사람들도 보였다.
무서워서 나는 외쳤다. "엄마아빠 사랑해요."라고 2번 소리쳤더니 무서움이 가고 재미있었다. 은율이는 옆을 보고 있었다. 하지만 쿠폰이 2개 밖에 없어서 2개밖에 못탔지만 재미있었다.

오늘한일: 액체괴물 만들었다.
내일할일: 책읽기

二아五 년 一월 三일 土요일 날씨: 나가놀기좋은날씨

題目: 기우뚱 기우뚱, 그대로 멈춰라!

이 책을보고 일상생활에 구두굽이 있는 신발과 굽이 없는 신발을 양발로신으면 기우뚱기우뚱 짝짝이어서 넘어질때도 있죠.
하지만 넘어지려고 할 때에 사람들은 대부분 팔을 벌려 균형을 잡죠. 그러면 안 넘어질수도 있어요.
수평을 이용하는 물건은 음, 모빌. 모빌은 주렁주렁 매달려 있는데 기울어지지 않고 빙그르르 돌아요.
수평을 이룬다고 무게가 같은 것은 아니고 아참! 오뚝이도 무게 중심이 아래에 있어서 넘어지지 않는데 무게 중심이 위에 있다면 머리로 설것 같아요.
(넘어지면) 외발자전거도 팔을 벌리고 균형을 잘 잡아야 해요. 잡지 않으면 넘어져요.
그리고 수평잡기 아~저울. 저울은 고양이가 5kg이면 햄스터1마리에 1kg이라고 치면 햄스터가 5마리가 돼야지) 똑같겠네. 잠깐! 과천 과학관에 가볼까?
어라, 나는야 천하장사에서 10kg이라는 쪽을 아이들이 쉽게 들어올리고 있네. 아 받침점과 10kg의 쇠가 가까이 있으면 가벼워져 거뜬히 들어올릴 수 있었다.

이어서 →

받침점과 10kg의 쇠가 멀리 있으면 들어올리기 힘들어서 끙끙 힘을 썼는데 방귀만 뿡뿡 나올지 몰라요.
어, 놀이터가 있네! 한번 가볼까? "신난다! 가 봐야지!"

二〇一五 년 一 월 四 일 日 요일   날씨 놀이터에서 놀기 좋은날

어, 놀이터에 가니   사람이 많이 서 있는 곳이 있어요.
사람들이 많이 서있는 곳이 재미있던데. 한번 가볼까?
받침점을 이용한 지레원리를 응용해 쉽게 오르락 내리락 하는 놀이
기구가 과천과학관에 참 많아요.

그러고 보니 내가 저기 끌려 다니는 컵에 모래
로 다 채워서 내친구가 힘들게 통을 밀었구나!
내가 미안하네. 나는 쉽게 밀었는데 히~
내 친구와 나는 시소도 타 봤는데 내 친구가 무거워서 그래서
친구는 앞에 타고 나는 뒤에 타니 재미있어졌다.
지렛대의   원리는 누가 발견했을까? 거중기는 정약용이
개발했대. 만들고나서 뿌듯하고 짱 좋았을것 같다.

| 2015년 1월 5일 월요일 | 날씨: 먹구름이 어둠을 몰고 와요~ |

어제 엄마가 아이콘 자르는 작고 귀엽게 생긴 칼을 사줬다. 라랄~ 다락방에서 아이콘을 가지고 놀다가 칼로 아이콘을 자르고 싶은 마음이 생겼는데 마침 엄마가 부엌에서 "은재야 칼 사용하려면 엄마 불러." 그 말을 무시하고 나는 아이콘을 자르다가 엄지와 검지손가락을 스윽 칼이 스치고 지나가더니 피가 났다. 아빠와 엄마가 홀에서 말하고 계셔서 지금 못 말한다. 왜냐하면 엄마한테 혼나는 것도 모자라 아빠한테 혼날 것을 알기 때문에 아프고 시리고 피 나는 손가락을 바지에 감싸고 아빠가 가실 때까지 기다리고 또 기다렸다. 아빠가 나가시자마자 나는 엄마에게 말했다. "엄마는 기분 좋아요? 나는 슬픈데." "무슨 말이니?" 엄마가 물었다. 나는 혼날 것 같은 기분을 참으며 말했다. "손을 칼에 베었어요. 으앙~" 엄마는 다락방에서 빨리 내려오라고 하였다. 흐르는 수돗물에 내 피 난 손가락을 씻고 대일밴드를 붙였다. 내가 잘못해서 아프고 시리다는 말을 못 했다. 엄마가 말했다. "칼을 괜히 사줬네. 칼은 엄마가 있을 때 사용하고 어제 사 온 본드나 쓰라고 했잖아." "예전에 너 혼자 칼로 연필을 깎다가 손 베인 적도 있었는데." "휴~ 한번 칼로 놀다가 다쳤으면 엄마가 옆에 있을 때 해야지."

이런 충고의 말은 왜 이렇게 듣기 싫을까? 다 옳은 말인데 귀에 거슬려~ 죄송해요. 엄마.

* 충언역이(忠言逆耳): 충직한 말은 귀에 거슬림.

2015년 1월 12일 요일

일어난 시간: 10시
잠드는 시간: 10시 30분

見 物 生 心 견물생심
볼견 물건물 날생 마음심

물건을 보면 갖고 싶은 마음이 생긴다는 뜻으로 평소에는 생각이 없더라도 실제 물건을 보면 욕심이 생김을 이르는 말.
엄마, 아빠와 마트에 갈때 마다 원래 내 걸 사준다 고는 안해 는데 난 엄마아빠 한테 내걸 사주라고 떼를 쓴다. 엄마는 이렇게 말하신다. " 이렇게 오래 간만에 왔는데 하나 사줘요." 이럴때 하시는말 " 계획 없는 소비를 하지 말자, 은재야! 너에게 꼭 필요한 것만 사자."
" 은재야 너 진짜 그게 너한테 꼭 필요해 "
이상하다. 아무 생각 없다가 물건들만 보면 나도 모르게 가지고 싶은 욕구가 생긴다. 아빠에게는 죄송하지만 최대한 불쌍한 표정을 지으면 아빠는 조금 생각하시다가 결국은 90%는 사주신다.
이제부터는 아빠 계획있는 소비를 하도록 노력할 게요. 죄송해요. 아빠~

2015년 1월 15일 목요일	날씨: 해가 구름 뒤에 숨어요

난 수학이 싫다. 수학이 나와 놀고 싶어 곁에 오면 난 소스라치게 놀라며 "난 지금 할 것이 많거든. 지금은 그림 그려야 돼." 30분 후~ "말 시키지 마! 나 책 읽어야 돼." 또 30분 후~ "야 나한테 오지 마. 나 피아노 가야 돼." 또다시 1시간 후~ "야! 나 밥 먹어야 돼."

잔뜩 화가 난 수학이 말했다. "야! 그럼 언제 놀아줄 건데. 너 엄마에게 이른다." 은재 엄마와 수학. 속삭속삭, 궁시렁궁시렁. "야! 너 때문에 야단맞았잖아. ㅜㅜ" 갑자기 숫자 병정들이 수학책에서 쏟아져 나와 내 주위를 아니 내 머리를 지끈지끈 아프게 한다. 수학을 풀 때는 숫자 병정들을 제자리에 안 놓으면 숫자 병정에게 맞는다. 숫자 병정들은 나에게 빨리 하라고 하고 내 머리는 어질어질 버퍼링. 손가락은 10개인데 12+9이나 14+8은 발가락으로 해도 부족하다. 그런데 2자리 수도 어려운데 3자리 수까지 해야 한다. 1자리 수는 손가락으로 안 해도 되는데 3자리 수는 손가락과 발가락를 다 써도 안 된다. 곱하기를 배울 때는 더 쉽다고 수학이 말했다. 하지만 아직 안 배워서...

"야!" "아야!" 내가 무슨 생각을 하고 있지. 수학과 놀지 못하게 내 머릿속으로 공상이가 놀러 와서 달콤한 말로 유혹한다. "난 재미없고 따분한 숫자 병정들이 싫어. 우리 숫자 병정들을 따돌리자, 그리고 나와 만화책 보고 노트북에서 재미있는 영상 보자. 아님 밖에 나가서 같이 놀래?" "으응." 시간 가는 줄 모르고 놀았더니, 놀아줘야 할 숫자 병정들이 너무 많아졌다. ㅜㅜ

♪〈지어낸 이야기〉♪

二〇一五년 二월 三일 オ요일 날씨 ☀️ ☁️ ☂️ ⛄

일어난 시간: 9시
잠드는 시간: 11시

김알윤   앨리아

"리아야" "난 이럴 시간이 없어!" 자, 난 간다! (휙) "리아야, 리아야! 리야"야!
"알윤아, 난 괜찮아! 어서가 빨리! (와ㄹㄹ)"

오늘 한 일
현서 도와 줬다.

내일 할 일
금요일에 할머니집 간다

은재의 일기장은 동화책 같아서
방학동안 즐겁게 보낸 것 같아 보기 즐거나^^

2015년 2월 25일 수요일 날씨 좋음

나는 오늘 빨리 일어난지 모르지만 나는 내가 생각했을때는 빨리 일어난 거다. 엄마는 빨리 일어나라고 했지만.
　　　　오늘아니지 토,일요일 빼고는
피아노 딱 수요일만 노래와 리코더 하고 어려운피아노는 안쳐서 좋다. 하지만 월,화,목,금 요일에는 피아노를 친다. 오늘 살짝 어려운 거 치는 데 (피아노로) 수요일 이기 때문에 피아노 안 치기 때문. 아차! 피아노에서 선생님이 아니지 오늘 노래1곡하고 리코더로 동해 물과 백두산이 마르고 닳도록 7까지 리코더 했다. 간식을 줬다. 나하고 승아는 보리건빵1개와 보리 튀긴것 20개 그리고 김은율은 1학년때 같은 반이었던애, 피아노에서 마이쮸1개 그리고 보리 튀긴거 20개 받았다. 진짜로는 마이쮸는 건빵 3개 먹기 싫으면 마이쮸 먹는데 건빵 3개를 줘야 마이쮸 1개 받을수 있다는 말. 잘못해 건빵1개,2개 받아 마이쮸 달라 하면 줄 수 없다. 건빵 3개와 바꾸는 마이쮸이니까 은율이는 운이 좋다. 하지만 오늘은 나도 좋다. 은율이와 승아가 싸우지 않았기 때문이다.

초등학교 2학년: 일기 쓰는 즐거움

제목: 인어공주 세계에 가다

2015년 3월 1일 일요일 날씨 황사

똑똑 창문두드리는 소리에 누구? 누군가 창문을 벌컥. 빗자루를 타고 있는 내 또래 같아 보이는 키에 까만 긴머리에 까만 고깔 모자를 쓰고 있는 애가 쓱 앞에 있었다. 나는 깜짝 놀라 뒷걸음질 치다 힐끗 봤는데 진짜였다. 그 애 이름은 나나 마녀라고 했다. 하긴 온통 다 검정색이니까 나보고 동화 나라에 가자고 손을 내밀었다. 나는 재미있는 놀이라 생각했다. 모든것이 마녀는 다 가능하고 어디든지 갈수 있는 마법을 가지고 있겠지. 궁금해 빗자루 타고 솜사탕같은 구름 위에 서있는것 만으로도 환상적이라고 생각했다. 근데 행복도 잠시 갑자기 이런 생각도 들었다. "혹시 나 죽은것 아니야" 라는 생각 말이다. "으악" 소리를 지르자 동화 나라에 도착했다. 문제는 인어공주가 말도 할수 있게 하고 왕자와 노래 부르며 인어공주가 왕자와 무사히 결혼할수있게 하라는 미션이었다. 나나를 따라 나나할머니에게 가서 물약을 구했다. 말하게 만드는 물약 하나에 10만원. 너무 비싸 한참 망설이다가 사가지고 왔다. 다시 동화 세계

2015년 3월 2일 월요일 날씨 좋음

로 들어가 인어공주 이야기로 출발 마법의 물약 가지고 바다로 들어가자 마자 인어공주들이 너무 많아 누가 진짜 인어공주인지 알아보지 못하게 되었다. 찾는건 무려. 힌트 요청 인어공주는 황금 골드색이라고 했다. 그니까 물약을 건네기 전에 누군가 낚아챘다. 말 할수 있는물약이라 말하지말걸 괜히 물약 살 돈만 10만원 낭비 했네. 지금쯤 물약을 누가 마셨을까? 미션 실패.

나나 마녀: 너 꿈이 뭐니?

미미: 내 꿈은 아직몰라

나나 마녀: 너가 잘하는것

미미: 요리, 내 꿈은 요리사야.

나나 마녀: 너무 매워! 음식이야 뭐야~

미미: 미안 근데 나나 마녀 넌 내 집에와서 컴퓨터 게임만 하고 넌꿈이 뭐야?

나나 마녀: 괜찮아. 내 꿈이 컴퓨터 게임 하는 마녀이거든.

미미: 뭐라고 이 컴퓨터 버려야 겠다.

나나 마녀: 잉 안돼!

이제 한자 세계로 GO GO 꼬르륵 밥부터

2015년 3월 3일 화요일 날씨 좋음

먹자. 그래. 꼬르륵 꼬르륵~ 냠냠 꼬르륵~ 아빠도 배고픈데ㅋㅋ 잘 먹었습니다.
한자 세계로 {출발}
日 해일 月 달월 火 불화 水 물수 이정도는 (기본) 나는 지금 本未出入 이걸 배우는데, 진짜 나나마녀 너 부럽다고. 나 할 줄 알아. 한자 잘 하는 물약 3천원으로 사서 먹었잖아. 내가 모를 줄 알고 大 큰대 이렇게 적는 거 아니에요? 맞는 것 같은데. 아니에요. 이렇게 쓰는 거예요. 亻축 기다릴대 扌흉 이음접 이렇게 적는 거예요. 쳇! 한자 세계도 어려워. 하지만 이렇게 이쯤에서 그만하면 안 되지. 아~ 배가 고프다. 빵집에 들려야겠다. 여기도 한자 빵집 그곳에 들어갔더니 공짜는 아니다. 한자를 풀어야 한다. 이 세상에 공짜는 없네. 당근이지. 딱 문제 2가지. 세상에서 가장 쉬운 급은? 저도 알아요. 8급이잖아요. 딱 1문제 남았다. 세상에서 8급이 제일 쉬운 8급 속의 한자로 제일 기본인 한자 4개는 무엇일까요? 日, 月, 火, 水 입니다. 100점. 빵 6묶음을 주지. 한 묶음에 5개씩 들어있단다. 그래서 30개 주는 거다. 빵 여기. 내일 또 와~ 나나마녀, 너도 빵 받

( )

2015년 3월 4일 수요일 날씨 비옴

았네. 어떻게 받은 거야? 빵집에서 한 자 문제 풀어서 받은거야. 난 한자문제 풀어서 사탕 6개 받았는데, 36개. 30+6=36 모두 빵,사탕 합하면 36개 나 받았어. 우리 수학 나라로 가기전에 쓰레기 봉투 버리자. 이제 수학 나라로 출발 출발 곱하기도 나오네. 1×1=1 1×2=2 1×3=3 재미있는데, 6×6=36 6×2=12 2×6=12 재미있다. 궁궐에 들어 가려면 수학을 풀어야 한다고 한번 해보자. 「오늘 학교에서 투호 던지기 놀이를 했습니다. 성하는 36개를 던져서 19개가 들어갔습니다. 들어 가지 않은 화살은 몇 개입니까?」쉽다. 17개 딩동댕 들어가십시오. 공주님 나나 마녀를 집에 데려다 주세요. 수학문제를 대신 제가 수학 문제 맞춰 드릴게요. 그래.그럼 이거 몇 센티미터? |1 2 3 4 5 약5cm 예요. 그럼 이건 9+900=909 맞아. 너가 신고 있는 신발에 꽃 2송이를 넣으면돼. 알려 주셔서 감사합니다. 몇 송이? 2송이. 딱 딱 히이이익 이이잉 휴우우위이 지지잉 엄마~ 내 딸아~ 어디 갔다 왔니? 여행이야기 그림으로 그려드릴게요. 친구들아~ 여행재미있었어. 그럼 안녕~

2015 년 3월 10일 화요일 날씨

"일기 쓰고 있구나. 나도 좀 보자." "내 일기를 왜 너가 봐?" "친구끼리 좀 보면 어때." "싫어! 흥!" "야! 일기는 일기를 쓸 때에는 내용에 알맞는 제목을 붙이고, 언제 어디에서 겪은 일인지 자세히 써야해. 너 일기에는 거짓말이 있으니까" 고.... "내 일기에 거짓말이 있는지 너가 어떻게 알아?" "너 일기를 봤으니까..." "뭐라고? 일기 내 일기를 훔쳐 봤다고" "그 그러니까 아니 정말 미안"

"내 일기를 왜 너가 봐?" 라는 문장에 선생님 마음이 왠지 찔리네요~♡ 은재의 마음이 행복한지... 궁금해서 보는건데~♡

지어낸 이야기 예요.

( )

2015년 3월 15일 일요일 날씨 밖에 나가놀기 좋은날

換 骨 奪 胎
환   골   탈   태

사람이 보다 나은 방향으로 변하여 전혀 딴사람이 됨.
쩝쩝, 냠냠냠 맛있는 저녁밥 달그락, 달그락, 달그락, 달그락, 쨍쨍쑥쑥 무슨 소리 나고? 맛있게 저녁밥 먹는소리. 아빠가 말하신다. 이제 좀 달그락, 쨍쨍, 쑥쑥 이런 소리 내지 말라고 하신다. 내가하는 행동에서 아빠가 싫어 하는 것은 삼겹살구운기름은 맛있을까? 하고 접시에 묻어 있는 기름을 쓱쓱 젓가락으로 문지르니 시끄러운 소리가 난다. 그다음은 난 맛있게 먹는다고 쩝쩝 이라는 콧소리로 반찬과 밥을 씹는다. 그다음은 아빠가 밥 다먹고 노래 부르시는데 노래가 시끄러워서 나도 소리을 지른다. 그 반대로 밥 먹을때는 내가 흥얼거린다. 그다음은 아빠를 탁 치고가거나 아빠한테 기대는 것도 싫어하신다. 내가 아빠한테 미안한 것은 6개다. 고치도록 노력해야겠다.

( )

2015년 3월 17일 화요일 날씨 모래 장난 하기 좋은날

시의 제목: 아무도 없다.
우리 엄마 시장 보러 가고   우리 아빠 일하러 갈때 나는
나는 그림그리거나 책을 읽는다.   엄마랑 시장에 함께가지는
                                   않고??!

나의 꿈

나는 오늘 꿈을 꿨다. 세균과의 전쟁 이라는 꿈이
었다. 황당 하기도 하고 마법같기도 했다.
하지만 꿈을 꿀때 꿈 꾸고 있는상태로 하고 싶은게
있다. 그것은 손가락을 구부려 보는것이다.
어떻게 되나 보고 싶어서~ 오늘은 꼭 해봐야지, 허은재
아자아자 파이팅!   ㅎㅎㅎ 은재다운 꿈을 꾸고
                           있군…! 어쩐지 은재는
                           마법같은 무엇이 있는것같거든

2015년 4월 2일 목요일 날씨

마이 동풍 馬耳東風 말의 귀에 동풍이라는 뜻으로, 남의 의견을 조금도 귀담아 듣지 않고 흘려버림을 이르는 말.

엄마가 세숫대에 족욕할때 물튀기지 말라고 하고 물을 받아줬는데 나는 그말을 안 듣고 물을 주자마자 튀겨서 엄마한테 혼났다. 엄마도 바쁘면 내 말을 못들어 주신다.

우리 학원에 다니는 순우 오빠가 있다. 순우 오빠 동생을 괴롭히지 말라고 했는데 순우 오빠가 자기 동생을 계속 괴롭혀서 선생님 (내 어머니) 선생님한테 혼났고요.

허운재, 박승아, 김은율이 모여서 그림그리면 조용히 하라고 우리(나) 엄마가 그랬는데 조용히 안해서 혼났어요.

엄마가 물 마시라 했는데 내가 안마셔서 내 몸이 아팠어요.

급식실에서 물병을 열자마자 물이 말했다. "너가 날 마시면 아프지 않을걸". 난 그말을 듣지 않고 물을 안 마셔서 피부병으로 치과, 세종병원, 한의원, 문내과를 가야 했다.

세균하고 친구가 됐다. 잉! 물을 안 마시는 것때문에 이렇게 내가 많이 아팠다니. 이제 물을 자주 다 마시고 음식도 골고루 꼭꼭 씹어먹어야 겠다.

( )

2015 년 4월 7일 화요일 날씨 놀기좋은날

나는 친구하고 달력 12월까지 2015년 달력 만들기로 했다. 내일은 달력 자기가 만든 달력 바꾸는 날이다. 나는 10월까지 했고 내 친구는 11월까지 했다. 예전에는 난 9월까지 했고 내 친구는 7월까지 해서 그때 내 친구가 기다려 달라고 했는데 내가 10월까지 해버려서 내 친구도 안 기다려 준 것이다. 그때 기다려 줄걸 그랬나 보다.

신기한건 3월 31일이 화요일이면 4월 1일이 수요일 이라는 것을 알 게 되었고 일년이 12달이라는 것도 달력을 만들면서 알게 되었습니다.

왜 달력이 생겼을까? 궁금하여 인터넷을 뒤져 보니 달력의 기원과 탄생 밖에 없었다.

그걸 읽고 추측 하는데 옛날 에는 농경 사회 이었기 때문에 씨를 뿌리는 시기와 추수하는 시기가 중요 했을 것 같다.

그것을 백성들에게 알려주기 위해서 달력을 만든 것 같다.

왜냐 하면 씨를 뿌리는 시기를 놓치면 먹을 것이 부족한 시대 였기 때문입니다.

정말 현명하다.

지금까지 급식실 에서 반찬 조금 남기는데 이제는 나도 음식을 남기지 않고 다 먹어야 겠다.

노력 해야지 근데왜? 일년이 365일 6시간 일까? (365.2596)

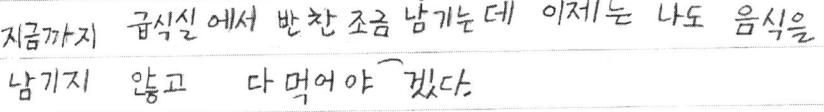

정답 : 지구가 태양을 한 바퀴 도는 시간이기 때문 입니다.

2015년 4월 20일 월요일 날씨

학교 다녀와서 뭘그릴까? 생각해보니 예전에 학교에서 점묘법한게 떠올라서 점묘법을 시작했다. 사인펜으로 아 작은 점을 많이 찍기가 어려워 색연필로 그냥 점묘법하지 말고 선으로 할까? 고민하다가 엄마가 점묘법으로 한게 더 좋아보인다고 했다. 나도 이제 점묘법을 많이 연습해야겠다고 생각하는데 색연필로 칠하는 것보다는 아주 어려웠다. 다른것 그리고 싶은데, 아직 완성이 안돼서 안예뻐 보였다. 손은 계속 하고 있는데, 머리는 잡 생각이 들기도 하였다. 그만하고 싶다는 생각과 완성이 안돼서 안예쁘다고 계속하라고 한다. 누구 편을 들지몰라서 계속, 계속 하는데 너무힘들었다. 다른애들꺼 도와 줬다 엄마는 그냥 자기그림 하라고했다. 말도 안하고 그림그리고 싶다. 다른 애들꺼 도와주고 싶지 않다. 그런데 갑자기 정신차려 보니까 다른 애들하고 말하고 다른 애들꺼 도와주고 있다. 시간이 너무나도 빨리 지나간다. 점묘법은 어려운것이 아니라 인내심이 필요한데 집중하지 못하고 말하고 있다. 나도 모르게 그러고있다. 나도 노력은 하고있다. 근데 몸으로도 입으로도 표현하고 싶다. 나도 내것을 하고 말도 안하고 집중해야겠다. 자꾸만 산만한 마음, 내가 노력할 만큼 해야 한다.

( )

2015년 5월 1일 금요일 날씨

엄마가 오이소박이를 담다보니 까나리 액젓이 없어서 난생 처음으로 엄마가 심부름을 시켰다. 나는 너무 기뻐 달려가면서 드림마트가 이 길이 맞겠지 라고 생각하면서 피아노 학원으로 갈수있는 지름 길을 지나 OK마트를 지나서 갔는데, 커다란 천막 위에 작은 글자로 드림마트 라고 써져 있어서 들어갔다. 맛있는것이 많아 사려고 하다가 엄마가 까나리 액젓을 사오라고 한 말씀이 떠올라 아주머니 한테 까나리 액젓 작은것 국산 있냐고 물어보니 까나리 액젓은 다 국산 이라고 했다. 이게 좀더 좋은 것이라고 해서 하선정 이라고 써져 있는 까나리 액젓을 샀다. 아저씨가 혼자서도 심부름 잘한다고 거봉 3알을 주셨다. 야호

꼭 받아야 할까?

이어서 →

2015년 5월 2일 토요일 날씨

집에 갈때 나는 이렇게 생각 했다.
엄마 나도 이런거 할수있어요. 엄마 나를 보세요.
라고 자랑하고 싶었다. 집에 도착 하자 앞문 뒷문이 잠겨져 있었다.
이런 생각은 차마 못했는데요.

고양이가 무서워서 (우리집 고양이 인데도) 아빠 방에 못들어가서
귀를 막고 아빠방으로 달려 갔다.
무섭기도 했다. 도와주세요..

꼭 고양이들이 아빠방을 주인 딸도 못들어가게하는 군사들 같다.
울면서 아빠한테 말하니까.
아빠가 앞문을 열쇠로 열어 줬다. 아빠 최고
내가 말을 했다. "아빠 엄마는?" 아빠가 말했다. "방에 없어?"
없었다. 아빠는 나를 찾으러 갔단다.
아빠방으로 가고 아주 늦게 엄마가 왔다. 걱정되어
엄마하고 길이 다른 쪽으로 내가 왔나 보다.
엄마는 그냥 집에 있지 라는 생각이 들었다.
이제 부터 드림마트 원래 오는 길로 와야 겠다.

( )

2015년 五월 七일 木요일 날씨

제목: 앗 나의 실수

집에 와서 그림그리다가 내가 갑자기 어버이날 카드를 준다는 것을 깜박해서 우리엄마와 은율이가 말하고 있는데 끼어들어서 나는 이렇게 말했다.
"자꾸 그러면 카드 안드릴 거예요"라고 말했다.
"쓰레기 통에 버릴거예요. 진짜 넣어도 되죠"
"응. 어차피 필요 없어"라고 해서 쓰레기 통에 살짝 올려 놨는데 은율이가 가방에서 어버이날 카드를 보여줬다. 나도 쓰레기통에 있는것을 꺼내 은율이와 같이 보고 있는데 엄마가 왜 또 꺼냈냐고 했다.
"은율이와 함께 보려고요."
라고 말하고 싶지만 엄마앞에서 말 하는 거라 입이 안떨어 진다.
"이런 쓰레기 올때 쓰레기통에 버리지 왜또 가져 왔어. 응 이런거 또 한번 이렇게 할거면 가져오지마" 라고했다. 다음에 이런것 또 가져 오면 혼낸다고 했다. 슬프고 내 잘못 때문에 이렇게 됐다고 나중에 후회 했다. 엄마가 다른 사람과 대화 할때, 기다리고 끼어들지 않아야 겠다.
엄마의 마음을 상하게 하는것은 다른 사람과 이야기 할때, 기다려 주지 않고 끼어드는 것.

二十五년 五월 二四일 日요일 날씨　　　( )

아빠 친구와 언니 들은 늦게 도착 했다.

가평 도착 펜션 가보니 아무도 없었다.
다음날에는 아침 언니도 다 일어났다.
제일 먼저 나는 엄마, 아빠가 자고 있는 방에 가서 침대 아래로 들어가 놀았다.
별로 놀것도 없었다.
필선이 오빠와 축구를 했다. 발로차니 축구공
오빠는 하늘 높이 차는데 나는 아직 못찬다.
내가 필선이 오빠 골대에 13번이나 넣었다.
오빠는 내 골대가 어디 있는지 알아차리지 못했다.
어 내가 이기고 있는데 어떤 애가 같이 놀자고 해서 오빠한테 축구 그만 하자 라고 하고
공 굴리기, 술래잡기, 숨바꼭질을 했다.
그애 이름이 김한나 인데 5살이다.
술래잡기, 숨바꼭질은 김한나의 동생(남자)이 술래다.
근데 김한나 에게 돌을 던져서 허벅지에 맞아서 울었지만 나는 많이 다친 것이 아니라고 쫓아 갔다.
그다음은 숨바꼭질 안한다고 장원돌을 던졌는데 김한나 허리에 맞힐 뻔 했는데 피했다.
아주 힘겨운 하루였다.

지어낸이야기 ( )

二千十五년 六월 十五일 月요일 날씨

나미: 어디어디
미미: 여기 어때~ 너보다 음.. ㅋㅋㅎㅎㅎ

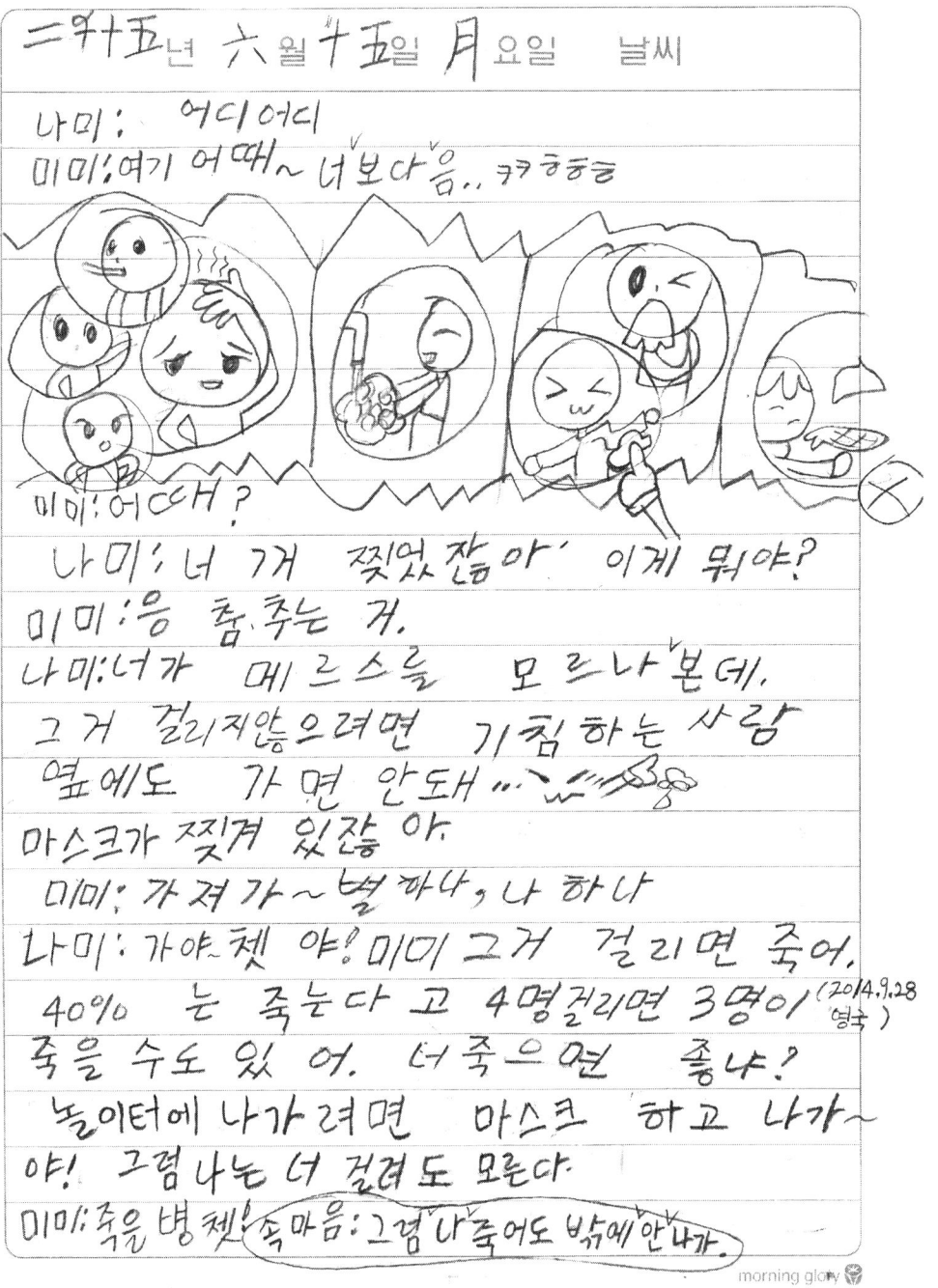

미미: 어때?
나미: 너 거기 찢었잖아. 이게 뭐야?
미미: 응 춤추는 거.
나미: 너가 메르스를 모르나본데.
그거 걸리지않으려면 기침하는 사람
옆에도 가면 안돼...
마스크가 찢겨 있잖아.
미미: 가져가~ 별따나, 나 하나
나미: 가야 했 야! 미미 그거 걸리면 죽어. (2014.9.28
40% 는 죽는다고 4명걸리면 3명이 영국)
죽을 수도 있어. 너 죽으면 좋냐?
놀이터에 나가려면 마스크 하고 나가~
야! 그럼 나는 너 걸려도 모른다.
미미: 죽을병 쳇! 속마음: 그럼 나 죽어도 밖에 안나가.

( )

二千五년 六월 十五일 月요일 날씨

미미: 와 도토리가 말을 한다. 아니 전쟁인가 싸움이다.

잘 들어와.
도토리: 흥! 내가 맛있어. 도토리묵은 나야 아니야 나야
그러자 도토리 엄마들도 자기 잘났다고 이야기한다.
떡갈나무: 나는 옛날에 떡이나 음식을 싸고 보관하는데
도움이 됐다고.
신갈나무: 흥! 나도 옛날에 짚신 바닥에 깔았다고.
상수리나무: 내가 가장 최고야. 난 옛날에 임금님 수라상
맨 위쪽에 올랐던 경험이 있는 후손이라고.
굴참나무: 나는 줄기와 껍질, 열매까지 사람에게 도움을
준다고. 껍질은 코르크 마개를 만들고 굴피집의 지붕을
이을 때 사용했어. 부럽지.

그때 다른 나무가 하는 자랑을 지켜보는 한 나무가
있었으니, 갈참나무: 부럽다. 나는 아무것도 없는데!
그 때 졸병인 졸참나무가 한마디를 했습니다.
졸참나무: 잎과 열매가 제일 작지만 사람들에게
열매를 사랑받아.
은재: 갈참나무, 너도 옛날 너의 친척이 천연기념물로
지정되고있어. 그러니 힘내! 파이팅!!

2015 六월 十九일 金요일

컴퓨터는 (월~금) 바둑은 (화)요일에 한다
나는 지금 연속으로 10번 계속 100점이다 (받아쓰기)
컴퓨터를 오늘갔는데 에올 이라는 게임과 도넛봉사 라는 게임을했고
어린이 훈민 정음을 (게임) 했다.
타자연습 2단계 하고 문제풀고 집에 왔다.
어깨가 들썩 거리고 신발도 안 걸렸다.
또 백점을 맞았다.
운이 안좋은 것도 있다.
코에 코를 모기가물어 코가 자꾸 간지럽다.
다른 애들과 같이놀려고 (추억)책을 찾는데 하모니카
가 눈에 띄였다.
나는 음에따라 불어보았다.
C는 낮은음 B는 높은음 으로 놀이터 까지 하모니카
를 가져가 불어보았다
내자신이 자랑스러웠다.
오늘은 참 기분이 좋았다.

2015년 7월 五일 日요일

제목: 나는 지금 산에 있다.
 나는 지금 일기를 쓰면서 상쾌한 공기를 마시고 있다.
 나는 내친구 예빈이랑 같이 산에 오르고 싶다.
 그리고 예빈이랑 산에 올라와서 놀고 싶다.
 내 친구 승아는 다리가 아파서 함께 할수없다.
 지금은 내 머리 위로 벌 1마리가 앵앵~ 거리고 있고
 난 지금 돗자리 깔고 정자에서 일기를 쓰고 있다.
 내 눈 앞에 개가 있다.
 귀여운 개가 정자 위로 오르고 싶은지 꼬리를 연신 흔들면서 나와 주인을 번갈아 보고있다.
 정자에는 사람들이 들락 날락 이제 나만 남아 일기를 쓰고 있다.

2015년 7월 8일 수요일

제목: 내가 정말 참을성 없는 날

우리 미술학원에 어떤 상담하는 사람이 왔는데도 나는 떠들썩 거렸다.

나의 단점이 옆에 애들과 말하느라 집중을 못하는 나쁜 버릇이 있다.

5살부터 그랬단다, 지금도 자주 그런다. 한 번도 나쁜 버릇을 고쳐야겠다는 생각을 안한 것 같다.

난 정말 바보다.

매일 지긋이 안녕만 하면 될걸.

말하고 떠들썩 하니까 엄마가 나를 때렸다.

내가 왜 맞았냐면 그림에 집중해야 하는데 애들과 뛰어놀고 떠들음. 완전히 나는 바보다.

이제 그것을 반성해야 겠다.

잘못한 일을 일기에 적어 고쳐 나가야 겠다.

2015년 7월 9일 목요일

제목: 나 혼자있을 때

엄마 시장 가고 나 혼자 집에 있을 때 아빠는 일하러 간다.
부모가 다 없을 때 나혼자 무서움을 달랜다. 나는 너무 엄마, 아빠 없을 때가 가장 무섭다. 뭔가 불쑥 튀어 나올 것 같다.
나는 너무 넙고 무섭다. 갑자기 밖에서
내고양이와 도둑고양이가 싸워서
조금 더무서워 졌다.
나는 이제 너무 무섭다. 책, 책상 다 무섭다.
엄마가 빨리 돌아 왔으면 좋겠다.
시간은 초조한 내마음 처럼 빨리
가지는 않고 자꾸 제자리
인것 같다.
나 는 엄마, 아빠 없을때가
가장 무섭다.

2015년 7월 17일 금요일 ( )

제목: 500원

나는 다이소에 예쁜 것을 사러 갔다.
작은 노트가 보였다.
사고 싶은데 800원이다. 지갑에는 오백원 6개. 오백원 하나를 줬다.
아주머니가 800원을 달라고 한다.
어떻게 해야 할 줄 모른다.
다시 갖다 놓고 빨리 도망갔다.
오백원을 하나더 2개 줘야 하는데,
가슴이 콩닥콩닥 그냥 다른 마트에 가서 사려고 갔다.
해적 쿠랫 1학년 때부터 가지고 싶었는데! 하지만 500원이 더 부족하다.
아쉽다.
맛있는 것 하나 손에 쥐고 길을 떠난다.

2015년 7월 17일 금요일

선생님과 친구들 종소리가 울리면
너도 나도 (오늘은 책 읽는시간) 1층으로 우르르
몰려간다.
나도 사이에 끼어서 간다.
책을 읽고 있다.
헉 코피가 난다.   주륵 스 윽
책에 묻는다.
도망가자~ 빨리 3층으로 2-9반 교실로
달려가서 화장지로 코 누르고 끼워서
내가 코피를 휴지로 막았다.
선생님이 다시 보건실 갔다오라고
한다.
선생님은 책을 계속 보신다.
엄마도 알고 있나?
내가 보건실에 갔다 왔더니,
책 읽는 시간이 끝나 버렸다. ㅠㅠ
너무 아쉽다.

2015년 7월 28일 화요일

나랑 놀아줘! 나에게는 빈 화분과 빈 터가 있어. 씨앗아 씨앗아 우리 집에 놀러와줘! 톡 건드리면 환하게 웃음을 터뜨리는 봉숭아야 봉숭아야 너의 씨앗을 다오♡~♡ 활활 타는 붉은 태양 처럼 너의 꽃잎을 곱게 내 친구들과 내 손가락에 예쁘게 물들이고 싶어. 내게 너 씨앗을 줄수 있니? 봉숭화는 나에게 소중하고 멋진 내 친구가 되었어.
마을을 살린 특별한 나무 맹그로브을 읽고 나서 나만의 비밀의 화원을 만들고 싶었다. 햇살을 모아 모아 이야기를 담아 담아 색깔을 빚어 빚어 나만의 꽃을 가꾸는 꿈을 꾸게 되었습니다.

2015년 7월 29일 수요일

일어난 시간

잠드는 시간

땀 삐질삐질, 끈적끈적, 머리는 띵띵
너무 더워요. 바람도 너무 더워
우리를 놓고 피서 갔나 봐요.
물어 물어 물어 바람이 있는 곳을 찾아 갔지. GO
"왜 이렇게 더운 지 알려 주세요."
공손히 절하고 부탁하자, 바람이 말했어.
"길을 알려 줄 테니, 내 부탁도 들어줘.
내 친구들의 성격이 왜 점점 난폭하고 괴물처럼 변하는지 알아봐
주세요. 큰 산을 2개 넘으면 바다가
나와요. 그 바다에 사는 고래
에게 물어보세요." 나는 고래에게
물었어. "왜 이렇게 더운 지 알려주세요."
"알려 줄 테니 내 부탁도 들어줘.

오늘한일

내일할 일

2015년 7월 29일 수 요일

일어난 시간
잠드는 시간

"이 넓은 바닷가에
점점 사라지는지 알아봐 주세요.

놀 친구들이 없어 심심해. 왜 내 친구들이 나도 친구들과 놀고 싶어. 내가 홍해 바닷가 까지 데려다 줄게. 홍해 바닷물 에게 물어봐"

"홍해 바닷물아! 바닷물아! 왜 이렇게 더운지 알려주세요."

"알려 줄테니 내 부탁도 들어 줘!"

"내 얼굴이 점점 더러워 지고 기름기가 잔뜩 끼는 이유를 알아봐 줘. 저기 에리트레아에 있는 하기고라는 마을이 있어. 그곳에 맹그로브를 심고 있는 아을 아주머니에게 물어보면 사토 박사님이 곗는 곳을 알수있어."

오늘한일
내일할 일

2015년 7월 29일 수요일

일어난 시간	잠드는 시간

"사토 박사님이 그 해답을 가지고 있어."
물어물어 사토 박사님이 있는 곳을 찾아갔지.
"왜 이렇게 더운지 알려 주세요"
"주위를 보세요. 그 해답이 보일 거예요"
그 말을 남기고 사라져(펑)버렸다.
주위를 둘러보니 저 만치 떨어진 곳에 빛이
났다. 반짝반짝 울창한 숲은 바닷가에
있었다. 왜 나무를 땅에 심지
않고 바닷가에 심었을까?
이곳 해고 땅은 메마르고 먼지가 많아
물을 줄 수도 없어서 바다에 심은 거래요.
바닷가에 나무가 자랄 수 있다
는 것이 신기해 나무를 심고 있는 아주

오늘 한 일 머니를 따라 나도 심었어요.	내일 할 일

2015년 8월 20일 목요일

일어난 시간

잠드는 시간

내 일기장은 나에게 즐거운 놀이이다.
캠핑에 가면 하고 싶은 일이 많다.
육개장이랑 족발 먹고 텐트 치고 차에서
자는 것까지. 꼼꼼히 다 경험해서
일기장에 적어야지. 내 일기장은 꼭
책 같다.
적으면 머릿속에 쏙쏙 들어오고 들으면
일기장에 풍풍 들어가는 것이 너무 재미
있고 이야기 만드는 것까지 너무
재미있다.
그리고 어제 새 신발도 샀는데
넘 좋다. 슈퍼 기능을 하는 운동화였다.
생각만으로도 내일은 가아 정말 좋은 날이다.

오늘한일  내일할 일

2015년 8월 21일 금요일

일어난 시간:
잠드는 시간:

나는 컴퓨터에서 일찍 왔다.
왜냐면 내가 오늘 캠핑가는 날이기 때문이다. (양평으로)
우리 가족은 도착하자마자 계곡 탐방하기 위해 나섰다.
계곡물을 따라 위쪽까지 참방참방 올라갔다. 여기서 물놀이도 했고 맛있는 밥과 고기도 먹는다.
내일은 가야 한다.
여기는 신발에 흙도 아주 많이 들어간다.
물에 닿으면 낙엽이 붙고 또 들어가면 또 붙고 그러니까 자꾸 귀찮아진다.
그래서. 지금 방에서 (내방아님) 숙박하는 방에서 일기를 쓰고 있다.

오늘한일:
내일할 일:

2015년 8월 31일 월요일

제목 = 승아소개
승아는 내 친구예요.
아무도 사이를 가를수 없는 내 단짝
 친구죠. 나와 함께 놀때도 폴짝 폴짝 토끼
처럼 뛰어서 같이 놀지요.
내 친구 승아는 내 단짝 친구예요.
운동과 달리기도 잘하죠.
저는 잘하는 것은 승아랑 노는것을
잘해요.
단짝 친구 승아랑 노는게 얼마나 재미
있는데요.
폴짝 깡총 토끼 처럼 뛰면서
같이 놀지요. (재미 있어요.)

二〇五년 九월 四月 요일

일어난 시간

잠드는 시간

오늘은 너무 힘들었다.
일어서서 눈 감고 우유흘린사람 (선생님이)
싸고 말했는데 나는 안 했는데
누구라도 좀 손들지 라는 생각이
들었다.
내가 손을까 그러다가 안들고
몇번을 반복했다.
내가 한 것은 아니지만 너무
힘들었기 때문이다.
이제는 손을 들 것이다.
너무 힘들기 때문이다.
결국은 내가한것은 아니지만
손을 못들었다. 범인은 누굴까?

오늘한일

내일할 일

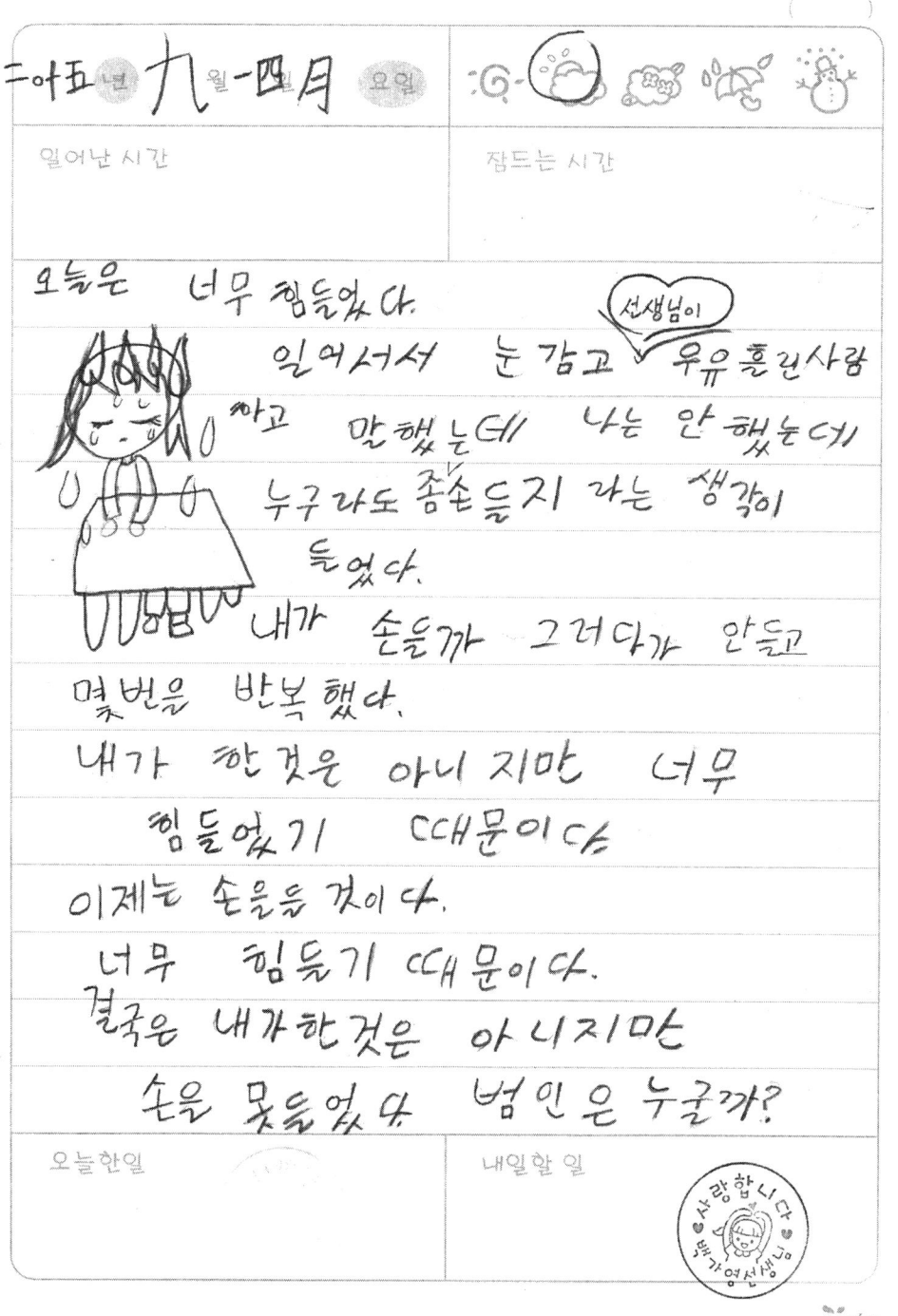

2015년 9월 26일 토요일 날씨 ☀️ ☁️ ☂️ ⛄

일어난 시간　　　　　잠드는 시간

天은 왜 土에 안있고 天에 있은까?

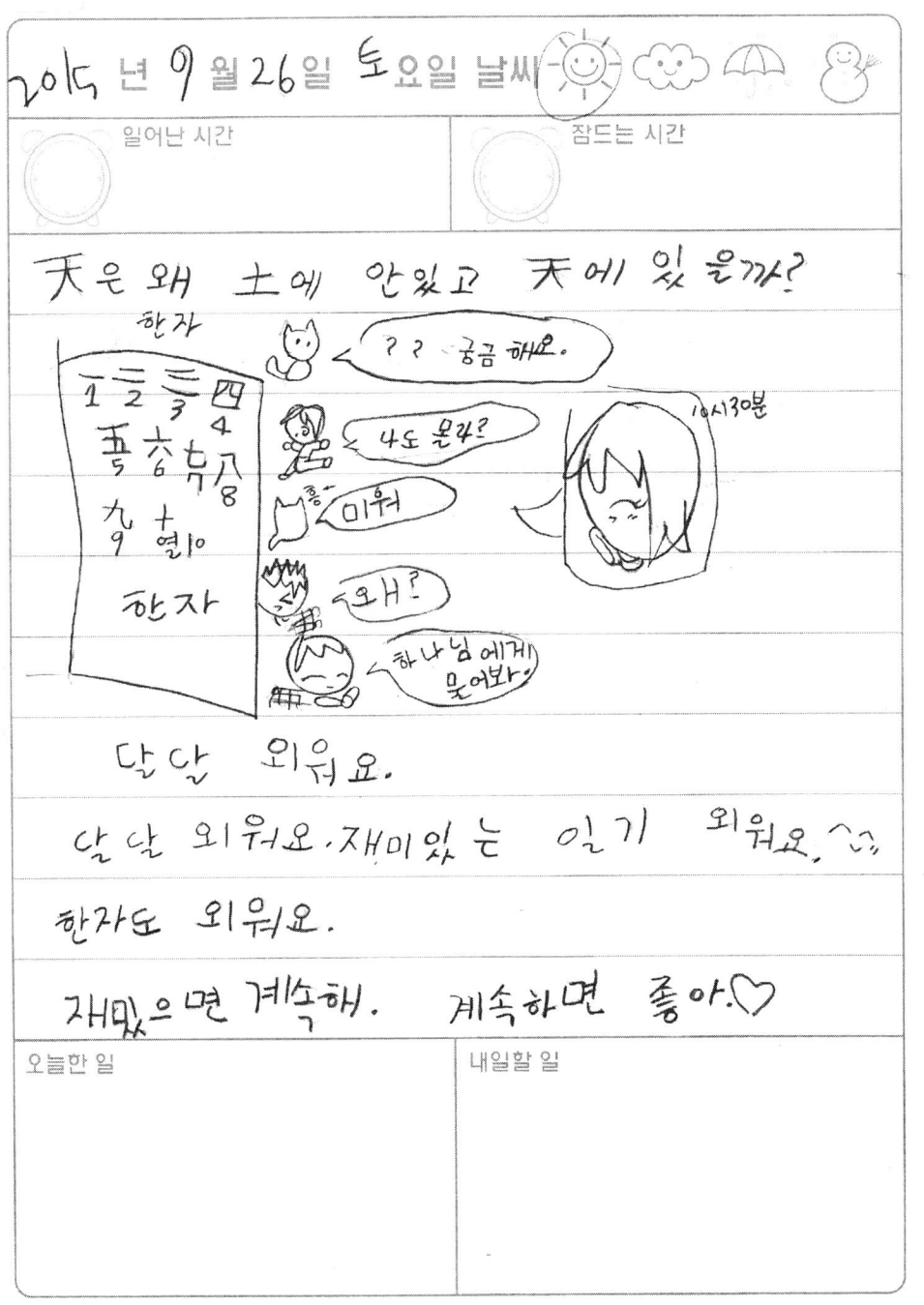

단단 외워요.

단단 외워요. 재미있는 일기 외워요.^^

한자도 외워요.

재밌으면 계속해. 계속하면 좋아.♡

오늘한 일　　　　　내일할 일

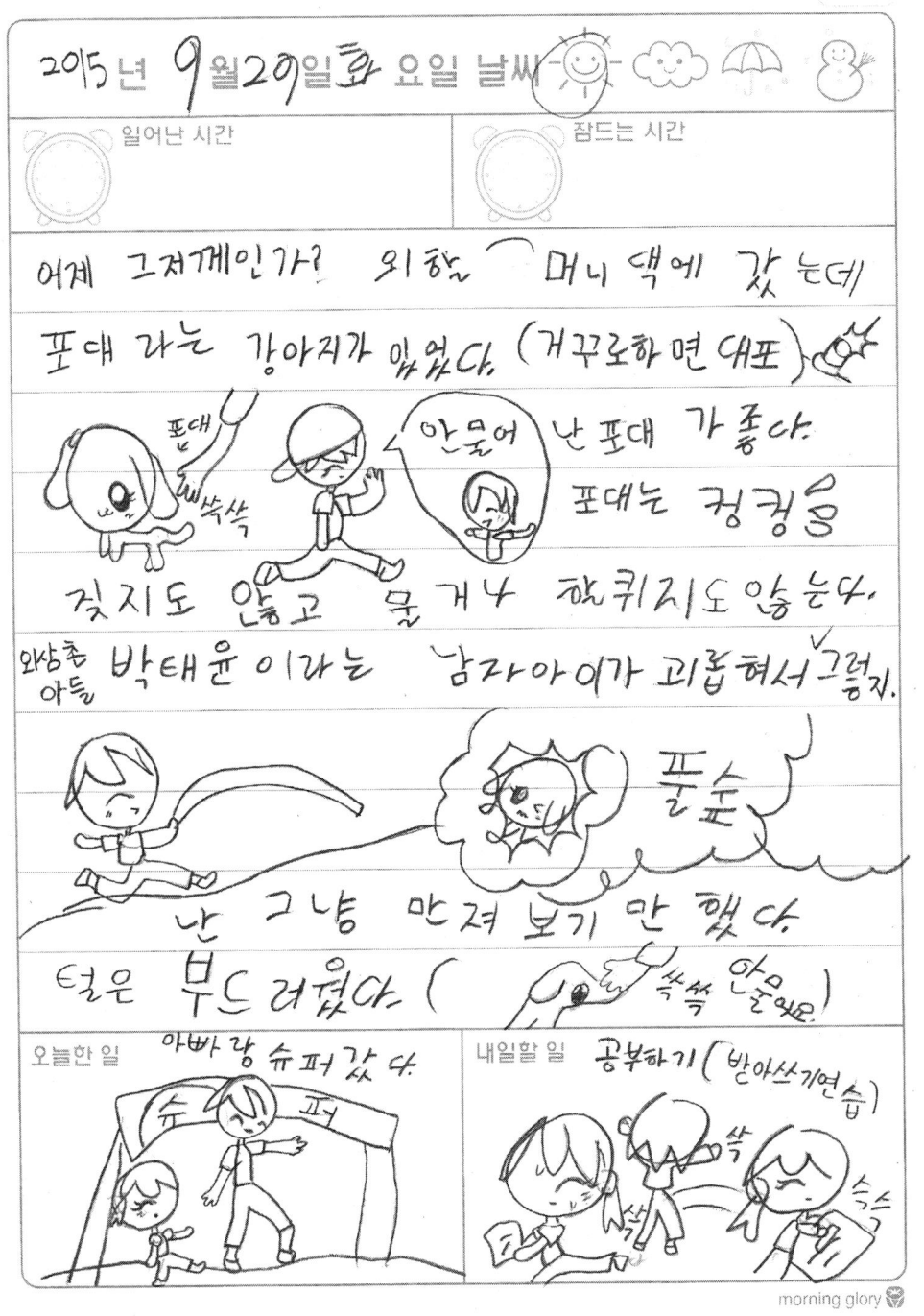

二○五년 ○월 五일 月요일 날씨

일어난 시간　　　잠드는 시간

오늘 내 친구 순현이는 레고를 떨어뜨렸다.

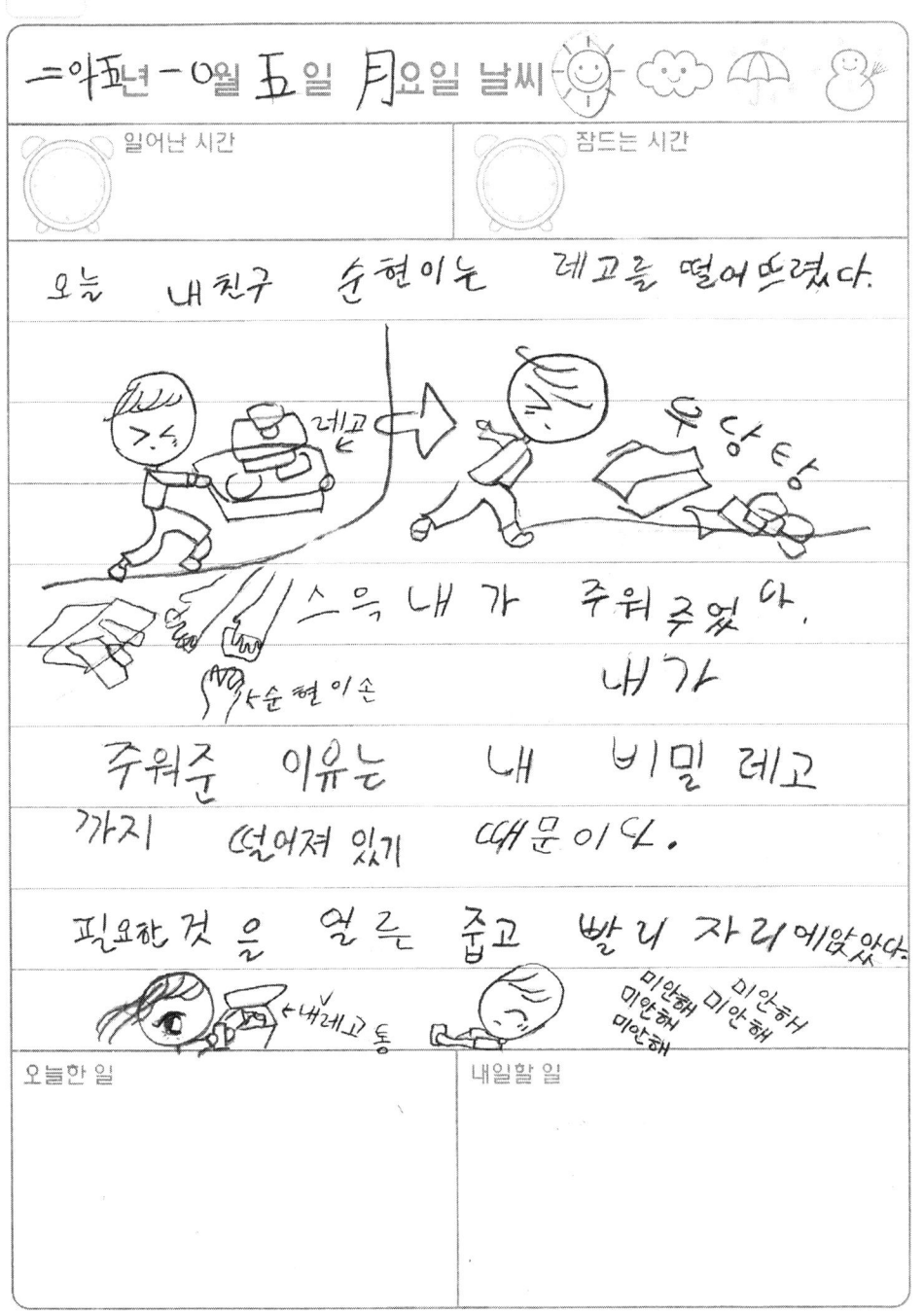

주워준 이유는 내 비밀 레고까지 섞어져 있기 때문이다.

필요한 것은 얼른 줍고 빨리 자리에 앉았다.

오늘한일　　　내일할일

년   월   일   요일 날씨

일어난 시간

잠드는 시간

선생님 팔이 아파서
어제적은 일기를
붙여 놨어요.

비가 촤르르르
소리를 내며 또록 또록 또르르르
놀고 있는 날이었어요.
나두 기분이 좋아요.
빗방울도 기분이 좋은지 더 세게 소리를
내요.
우산속의 난 오늘 과천 과학관 가는
길이기 때문에 빗방울 처럼
나도 기분이 좋아 뛰고 있어요.
콩콩 고양이도 기분이 좋은지
야옹야옹~ 과천 과학관 가서
많이 구경하니 아유 배고파
가서 햄버거   냠냠 접접
맛있게 먹어요.
엄마와 먹는 햄버거
오늘은 아주아주 신나는 날이
었어요.
제목: 과천 과학관 가는날

잘했어요!!

바람이 솔솔부는 날이에요.
오늘은 컴퓨터가 방과후로
남아 있어요.
참새 쪼짹짹짹 나는 푸른
하늘을 보며 컴퓨터로 가요.
아이 참 줄이 길어 기다려야
겠네. 어! 나도 들어가야지 쏙
쏙쏙 나는 컴퓨터에 가서
게임도 뿅뿅, 낱말연습도 탁탁
해요.
오늘은 컴퓨터가 더 예뻐
진 날이에요.

2015년 10월 15일 목요일 날씨 ☀️ ☁️ ☂️ ⛄

| 일어난 시간 | 잠드는 시간 |

운동장에서 놀고 있는 아이들 내가 알고 있는 우리반 아이들도 있다.

나만 혼자인것 같다

걸으면 걸을수록 집이 멀어지는 것 같다.

다른 아이들은 기분이 아주 좋나보다. 그러나 나는 그냥 이렇게 일기만 쓰고 있는 것이 좋다

일기를 쓰면 기분이 좋아지는 것 같다

안좋은 일도 털어놓고 나는 하늘을 보는 것과 일기 쓰는 것이 아주 좋다.

| 오늘한 일 | 내일할 일 |

二〇五년 -〇월 -五일 木요일 날씨

| 일어난 시간 | 잠드는 시간 |

하늘은 참 높다.

오늘은 왠지 기분이 안좋다.

가을 바람이 쌀쌀하게 나에게 온다.

터벅터벅 집으로 갈때는 낙엽이 나에게 떨어지는 것 같다.

그 때문에 기분이 조금 좋아졌다.

내 앞에 걷는 애들은 기분이 좋은가보다.

하늘은 푸르다.

하늘은 아무 죄도 없나보다.

내 마음하고 다르게 참 푸르고 밝다.

오늘한 일

내일할 일

二어5년 一0월 ~t 일 土요일 날씨	
일어난 시간	잠드는 시간

나는 오늘 캐리비안을 승아랑 갔다.

승아 엄마랑, 승아랑, 승아오빠랑, 나랑 그리고 승아아빠

도 갔다.

차로는 2 시간 걸렸다.

도착일 팅 지친것같은데 힘들지 않았다

물미끄럼틀 탈때는 브레이크 없는 자동차

같았다 깜깜하고 진짜 빨리 내려간다.

수영복→옷에 상처날까봐 움직이지 않았다

내려왔을때는 코에 물이 왕창 들어갔다

롯데월드 보다 더즐거운 캐리비안 여행

오늘한 일	내일할 일

2017년 10월 20일 시 요일 날씨

나는 오늘 학교 창문으로 하늘을 보았다.
나도 하늘처럼 마음이 넓고 푸르렀으면 좋겠다
하늘만큼 오늘은 기분이 정말 좋다.
 승아라는 내친구와 밥도 먹고 지현이라는
내 친구에게 말린 바나나와 사탕도
얻어 먹고 하하호호 재미 있었다
참새를 따라고양이도 야옹야옹 밥을
달라 야옹야옹 밥 주면 고개를 저쪽으로
옆에 있는 고양이 밥이 더 크다고
생각하나 보다.

어른 10월 21일 수요일 날씨 ☀️ ☁️ ☂️ ⛄

일어난 시간
잠드는 시간

제목 : 나의 첫 학예회

가슴이 설레었다.

두근두근 내 옆에 있는 현지랑 승아에게

들킬까봐 꼭 껴안아도 두근두근두근 우리

차례가 되고 있어요.

하지만 무대에 올라가자 실망했어요.

나의 엄마가 없어요.

이리저리 둘러보고 엄마

라고 했는데도 아무소리가 안들렸어요.

하지만 나의 첫 학예회가 너무 자랑스

오늘한일 럽고 재미있었어요.

내일할 일

=어5년=0월=-일土 요일 날씨

| 일어난 시간 | 잠드는 시간 |

나는 광주에 할머니 팔순이어서 갔다. 자동차로 오랜시간 갈때 많이 많이 쉬었다. 약속한 식당에 도착해보니 못보던 오빠랑 언니들이 많았다. 맛있게 보이는 것이 많았는데 나는 국에다가 밥을 말아 먹고 키위 랑 콜라도 먹었다. 나는 회를 못먹어서 안먹었다. 하지만 엄마는 맛있다고 하였다. 준우는 자꾸 나에게 와서 뭐라고 하고 간다. 아빠형제들을 만날 수 있어서 기뻤다.

| 오늘한일 | 내일할 일 |

二아프년 --월 二일 月 요일 날씨

일어난 시간　　　　　　잠드는 시간

주제: 재미있는 가을(체육) 시간

나는 오늘 가을책에서 나온 나뭇잎 술래잡기를
하였다. 술래가 빨간팀, 파란팀 나눠서 한다.
빨간팀 술래는 봉망치를 들고 파란팀에 있는 사람들에게
가서 어깨를 봉망치로 치면된다. 나도 술래였을때
어떤 애를 봉망치로 때렸는데 계속 있었다. 꼭 불사조
같았다. 뭐 나랑 허정도 라인 아웃을 했는데 안 나가서
우리도 반칙 쓴 것 맞다.

ㅎㅎ 불사조 같던 친구는 누구일까?

내일할 일

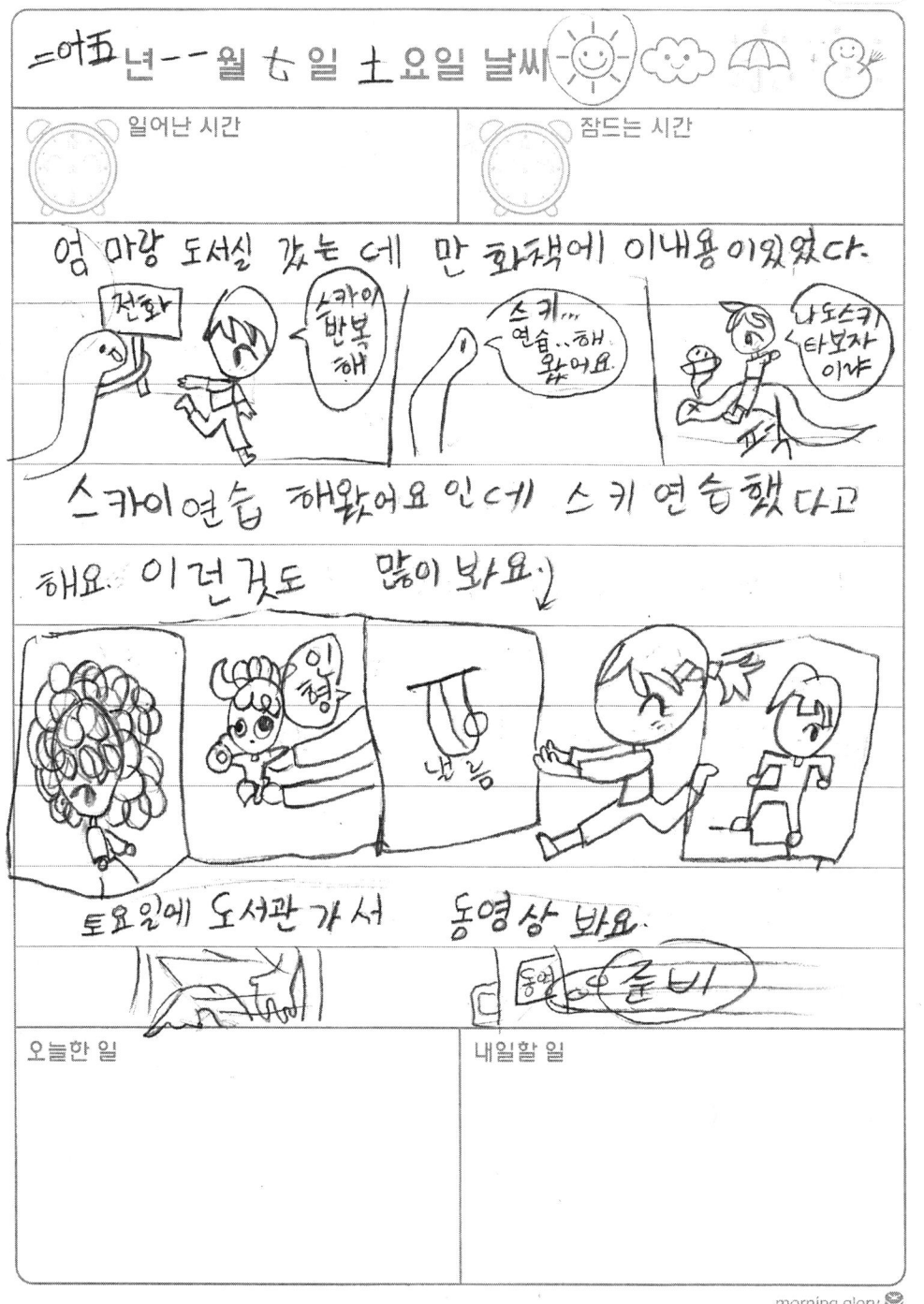

二0一五년 - - 월 -0일 ㅆ 요일 날씨

일어난 시간　　　　잠드는 시간

나는 오늘 승아네 집에서 게임도 뿅뿅
하고 놀았다. 공부는 엎치락 뒤치락 하며 이불
에서 굴러다니며 했다.
손가락으로 인형놀이도 많이 많이
했다.　　　　흔들면서 사진 촬영도
하고 게임과
인형놀이도
끝나고 또 했다.
간식으로 대추도 먹었다.
아주 맛있었다.

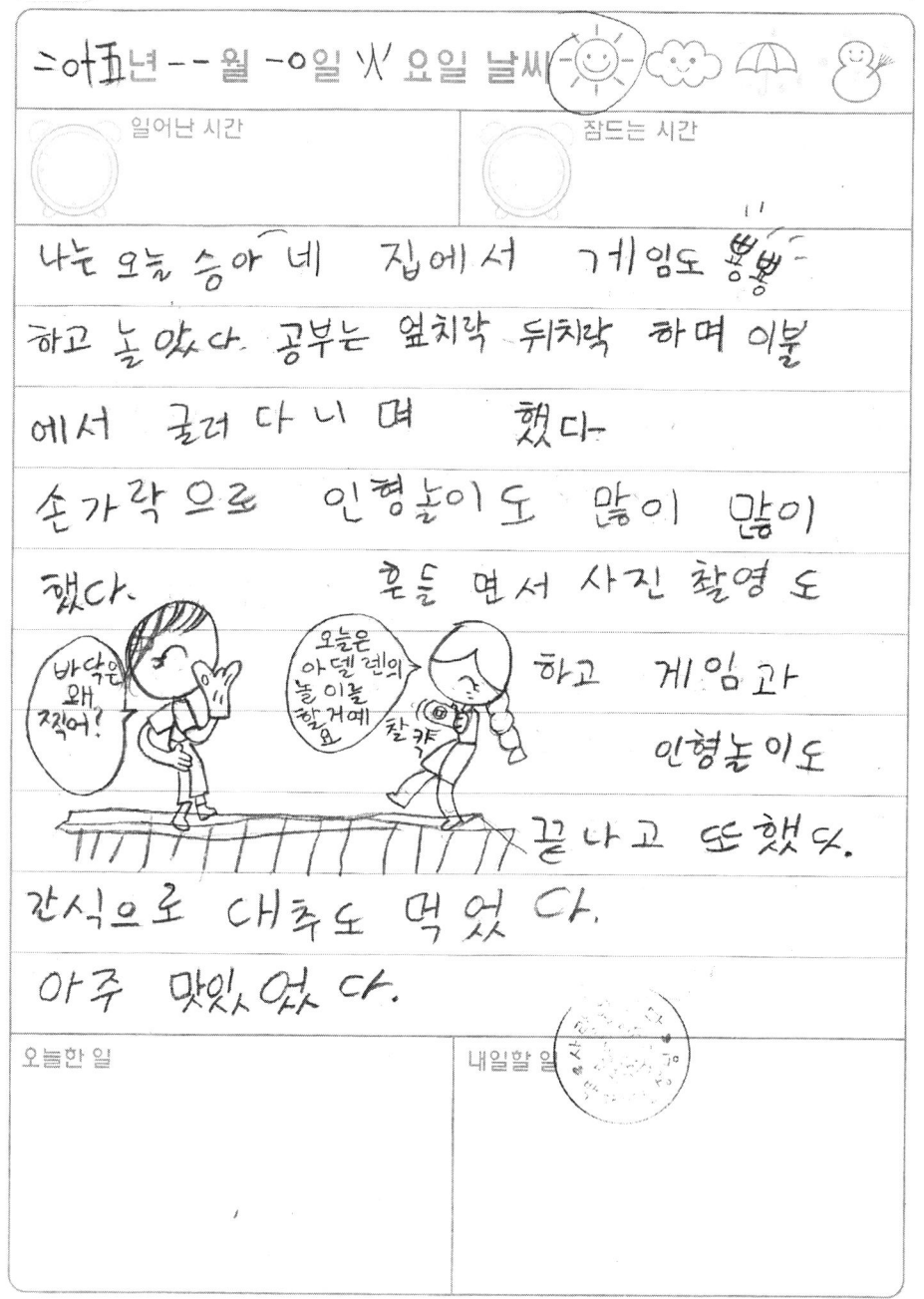

오늘한일　　　　내일할일

二아 五년 一一월 一七일 火요일 날씨 ☀️

일어난 시간 　　　잠드는 시간

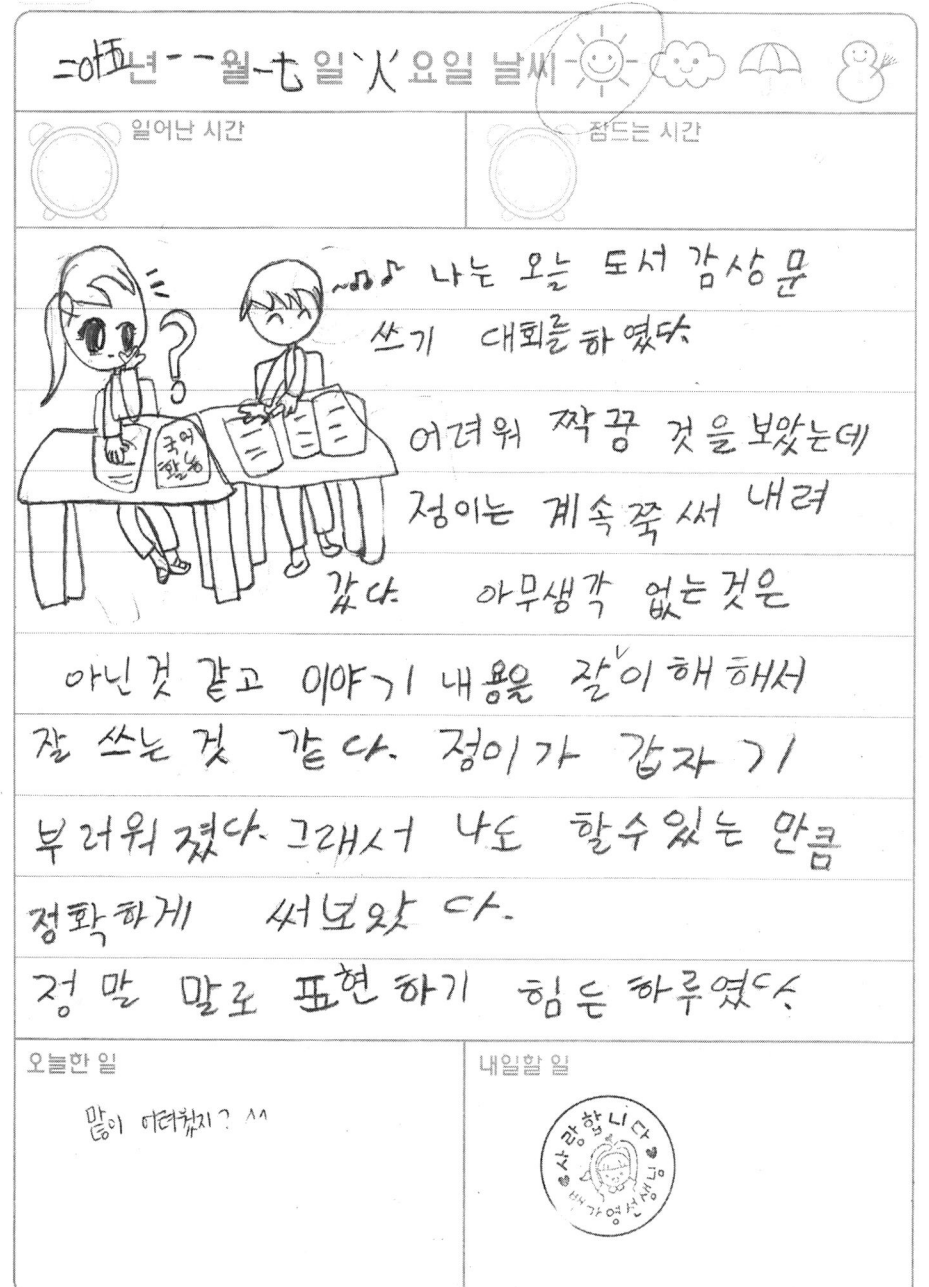

~♪♪ 나는 오늘 도서 감상문 쓰기 대회를 하였다. 어려워 짝꿍 것을 보았는데 정이는 계속 쭉 써 내려갔다. 아무생각 없는 것은 아닌 것 같고 이야기 내용은 잘 이해해서 잘 쓰는 것 같다. 정이가 갑자기 부러워졌다. 그래서 나도 할 수 있는 만큼 정확하게 써보았다. 정말 말로 표현하기 힘든 하루였다.

오늘한일
많이 어려웠지? ^^

내일할 일
참합니다

2015년 11월 20일 금요일 날씨

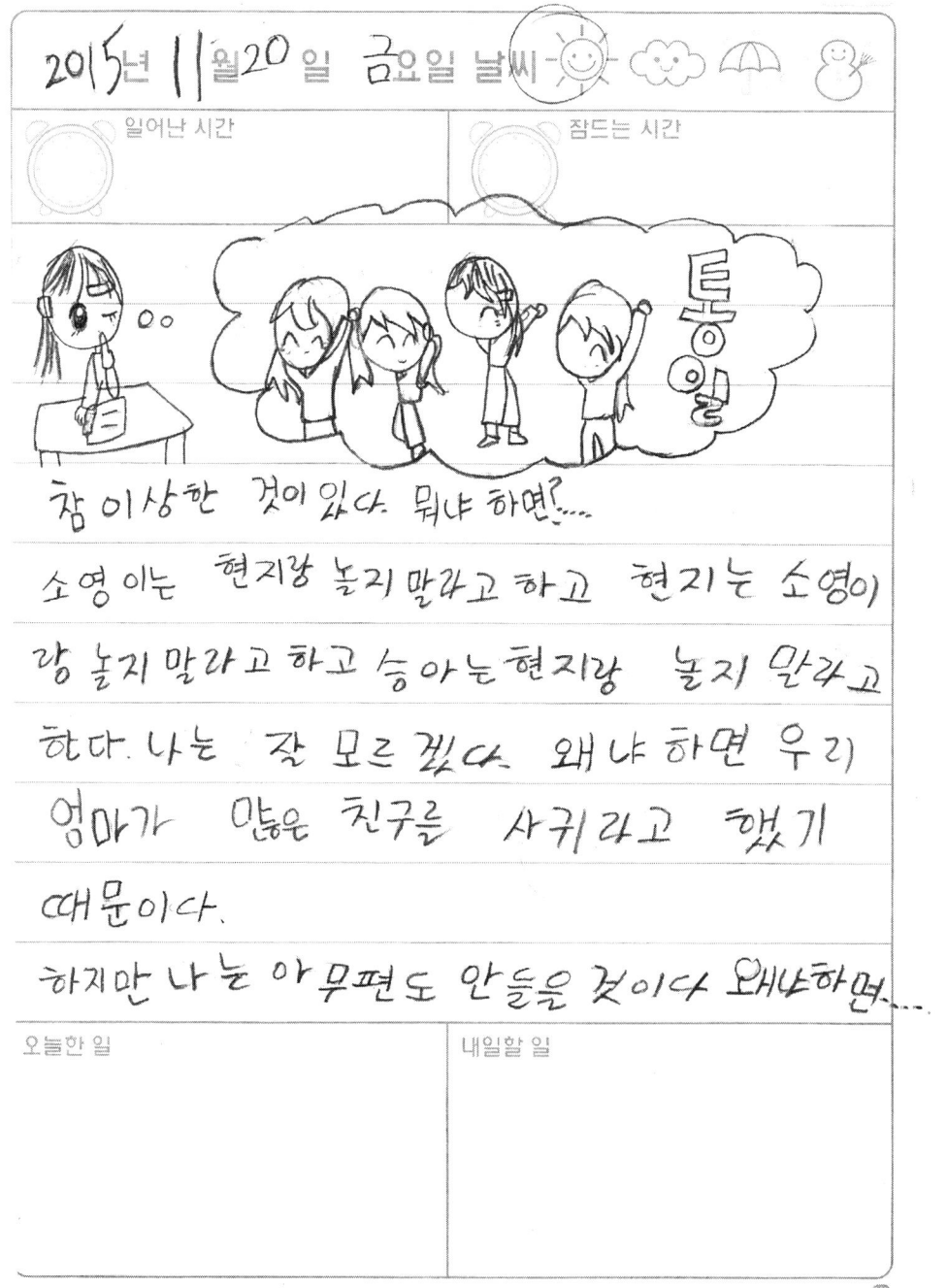

참 이상한 것이 있다. 뭐냐 하면?...

소영이는 현지랑 놀지 말라고 하고 현지는 소영이랑 놀지 말라고 하고 승아는 현지랑 놀지 말라고 한다. 나는 잘 모르겠다. 왜냐 하면 우리 엄마가 많은 친구를 사귀라고 했기 때문이다.

하지만 나는 아무편도 안들을 것이다 왜냐하면...

2015년 11월 21일 토요일 날씨 ☀️

일어난 시간 / 잠드는 시간

탁탁 톡톡 정말 재미있다.

왜냐하면 어제 개미 관찰기를 샀기 때문이다.

개미도 볼 수 있고 굴을 파는 모습도 보이기 때문이다.

작은 개미를 잡아도 도망가기 일쑤였지만 정말 흥미로운

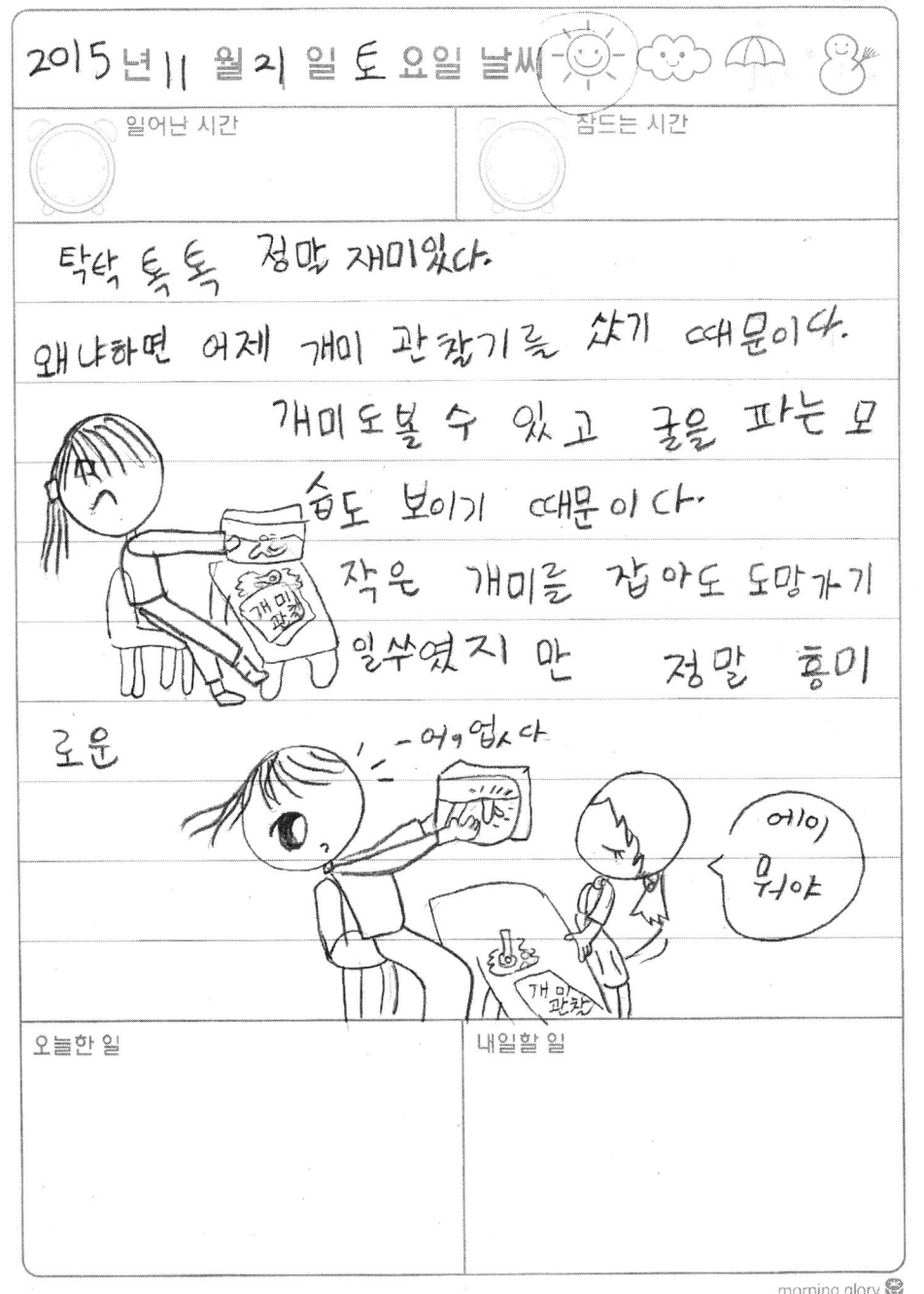

오늘한 일

내일할 일

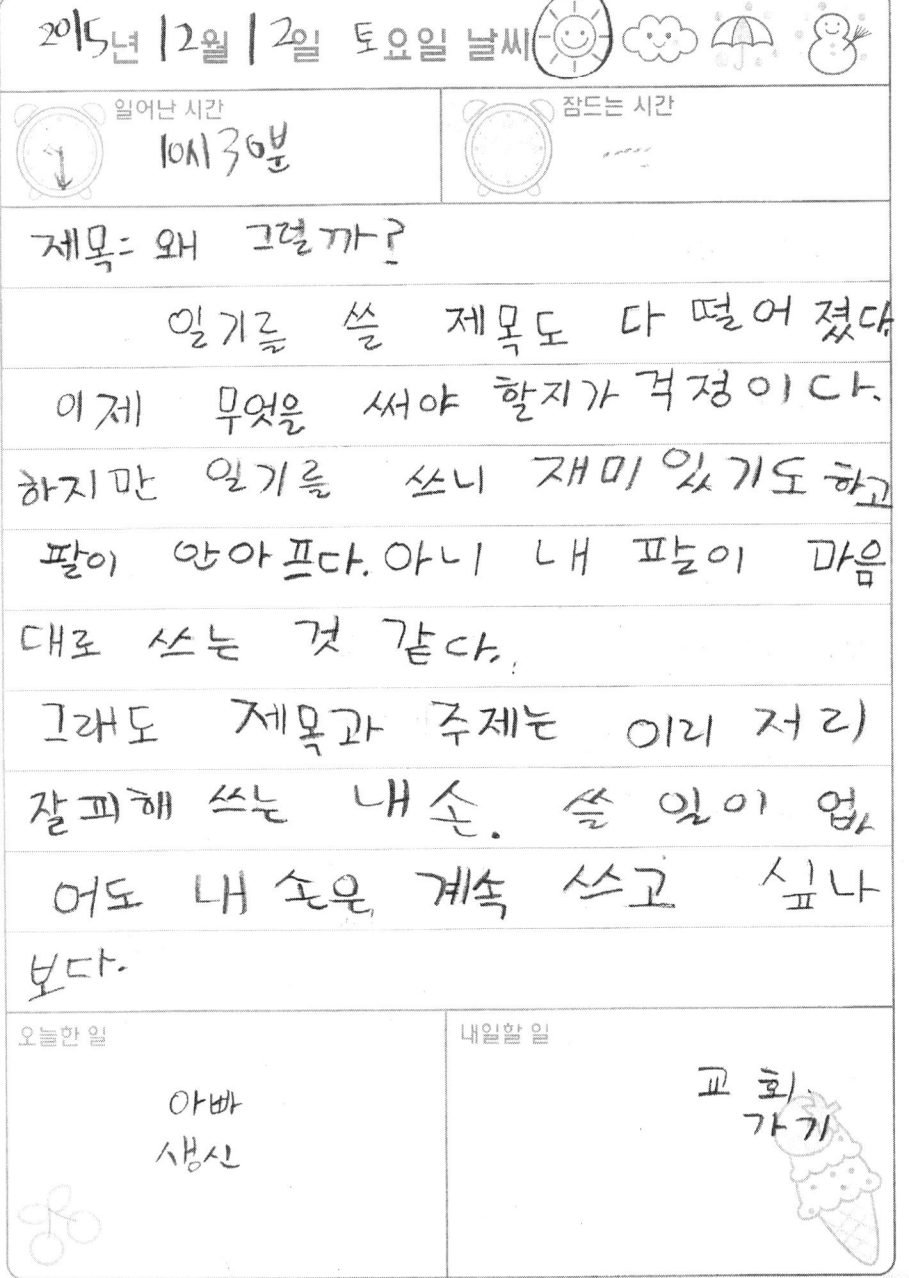

2015년 12월 12일 토요일 날씨 ☀️ ☁️ ☂️ ⛄

일어난 시간: 10시 30분
잠드는 시간:

제목: 왜 그럴까?

일기를 쓸 제목도 다 떨어졌다. 이제 무엇을 써야 할지가 걱정이다. 하지만 일기를 쓰니 재미있기도 하고 팔이 안아프다. 아니 내 팔이 마음 대로 쓰는 것 같다.
그래도 제목과 주제는 이리 저리 잘 피해 쓰는 내 손. 쓸 일이 없어도 내 손은, 계속 쓰고 싶나 보다.

오늘한일: 아빠 생신

내일할 일: 교회 가기

二○○五년 一二월 一三일 日요일 날씨 ☀

일어난 시간: 10시 15분
잠드는 시간: 10시 30분

제목: 敎會 가는 날

敎會 가면 뭐할까? 몇 번은 갔는데도 적응이 안되네. 교회에 내 친구가 있어서 끝나고 신나게 폴짝폴짝 뛰어 놀아서 그랬구나!

기도 할때는 조용~조용 어디서 옹알~옹알 글외우는 소리가. 아하 선생님이셨네. 아~ 엥! 웬 기도가 이리 길지? 아~ 기도끝나도 선생님들은 계속 하지. 하마터면 나도 계속 할뻔했네.

오늘한 일: 교회 갔다

내일할 일: 학교 간다.

2015년 12월 13일 일요일 날씨 ☀️ ☁️ ☂️ ⛄

일어난 시간: 10시 15분
잠드는 시간: 10시 30분

제목: 후루룩 짭짭, 맛있는 라면

후루룩 후루룩 참 맛있네. 아빠도, 엄마도 후루룩 참 맛있네. 소스도 좌르륵 면발도 후루룩 냠냠 꺼억~ 잘 먹었네. 배에서 맛 좋은 라면이 요동치는 것 같네. 마지막으로 국물도 찹찹 후루룩 꾸룩~ 아 화장실 아유 좋아.
엄마 라면 한 그릇 더 주세요.
맛있는 소리 후루룩 짭짭, 냠냠 짭짭 맛 좋은 라면

오늘한 일: 교회 갔다.

내일할 일: 학교 간다.

2015년 12월 6일 土요일 날씨 ☀️ ☁️ ☂️ ⛄

일어난 시간: 10시
잠드는 시간: 10시 30분

밤에 뭔가 툭 열어 보니 일기장 10권과 종합장 2권 수첩 2개 였다.
일기장은 고등학생까지 쓸 수 있어 보였다.

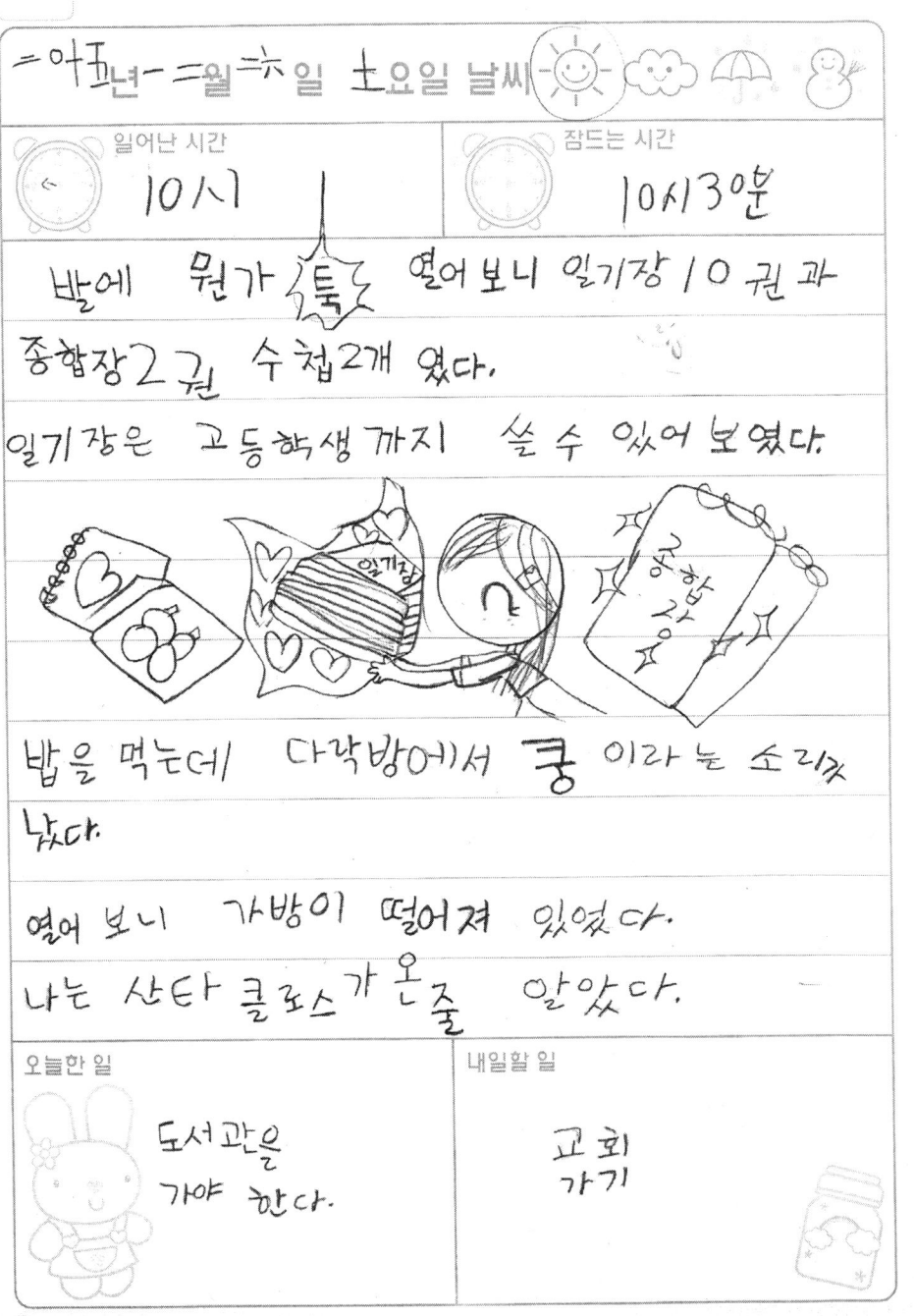

밥을 먹는데 다락방에서 쿵 이라는 소리가 났다.
열어 보니 가방이 떨어져 있었다.
나는 산타클로스가 온 줄 알았다.

오늘한 일: 도서관을 가야 한다.

내일할 일: 교회 가기

| 二0一六년 一월 五일 金요일 날씨 ☀️ ☁️ ☂️ ⛄ |

일어난 시간	잠드는 시간
10시	10시 30분

많이 사르르 녹는다. 와~ 맛있다.
아빠가 호두과자와 찐빵을 사오셨네.
난 찐빵 느끼한데. 그래도 호두과자를
하나먹어 볼까? 윽~ 4개 밖에 없잖아! 1개를
먹으니 아~ 내가 싫어하는 팥이 있잖아!
근데 벌써 먹었네😊. 난 이런 날이 좋은데!
　　1월1일에는 눈썰매장을 갔었는데
쌩쌩 달리는 튜브위에 몸을 맡기면 내려가서
재미있었다.　빙어　체험도 했는데,
15마리를 넘게 잡아　거기서 빙어 튀김도

오늘한일
독서록을
많이
썼다.

내일할일
도서관
꼭 가기

이어서 ➡

二○一六년 一월 五일 金요일 날씨

일어난 시간: 10시
잠드는 시간: 10시 30분

해 주네. 먹어 봐야.. 근데 빙어가 불쌍하
당~ 어두운 통에 갇혔는데 갑자기 자기몸을
누가 태우고 있는 것 아닌가. 빙어가 불쌍
해서 그냥 다시 빙어들은 다 풀어
주고 집으로 가는길에 젤리 하나
를 샀다.
참 재미있고 즐거운 하루였다

오늘한일: 독서록을 많이 썼다.

내일할일: 도서관 꼭 가기

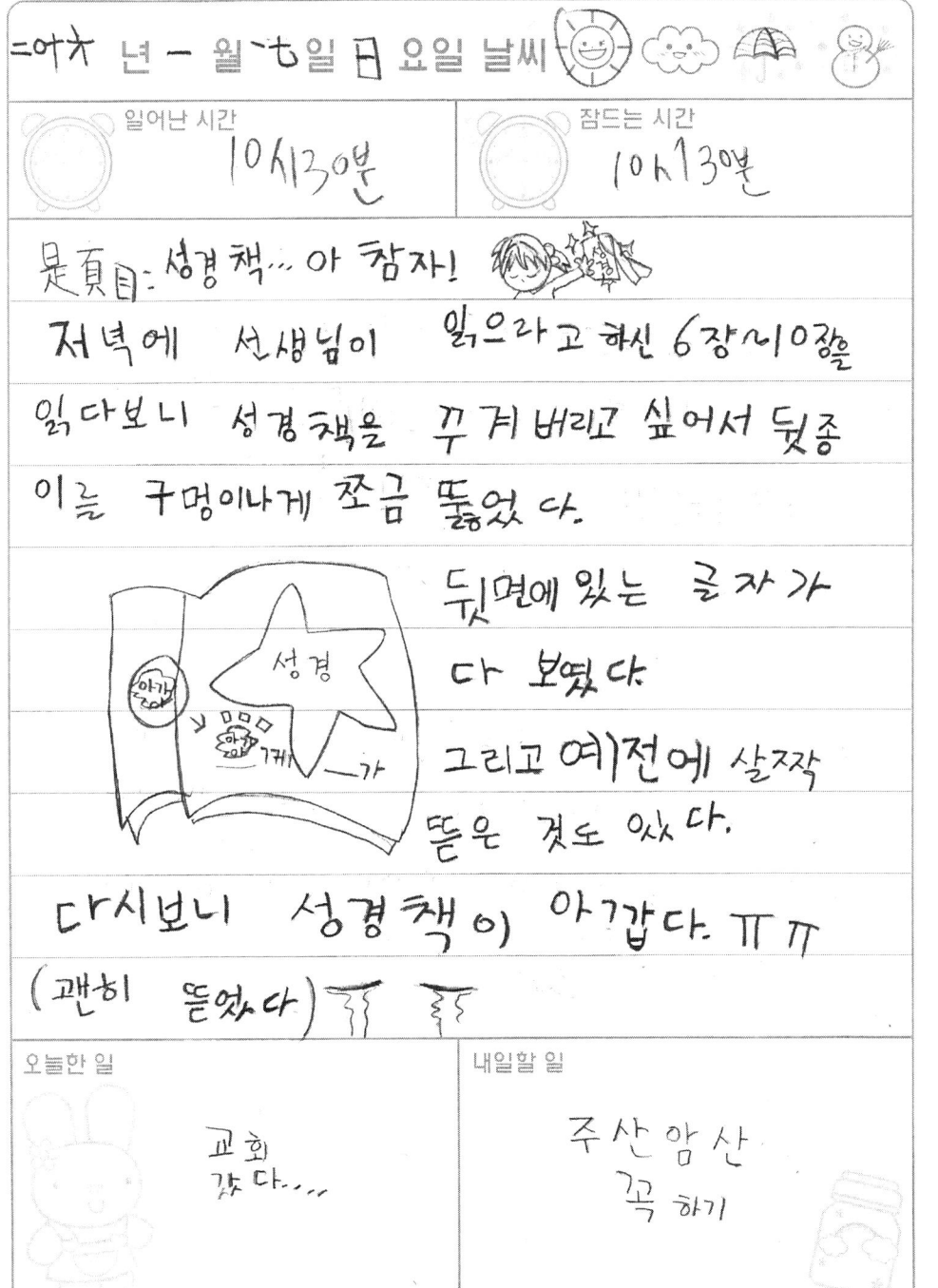

=어치 년 - 월 6일 日 요일 날씨

일어난 시간 10시 30분
잠드는 시간 10시 13분

是頁目: 성경책... 아 참자!

저녁에 선생님이 읽으라고 하신 6장시10장을 읽다보니 성경책을 꾸겨 버리고 싶어서 뒷종이를 구멍이나게 쪼금 뚫었다.

뒷면에 있는 글자가 다 보였다.

그리고 예전에 살짝 뜯은 것도 있다.

다시보니 성경책이 아깝다. ㅠㅠ
(괜히 뜯었다) ㅋㅋ

오늘한일: 교회 갔다....

내일할일: 주산 암산 꼭 하기

2016년 1월 18일 月요일 날씨 ☀️/☁️ 중간

일어난 시간: 10시 30분
잠드는 시간: 11시

뭣項目: 공놀이

빵 차면 통통 튕겨 오고 살짝 차면 데굴데굴 굴러오는 재미있는 공놀이~ 아 모르고 옷장에 차니 옷장 위에 도자기들이 흔들흔들 떨어질 것 같다가 다시 멈추네. 참 재미있다. 그럼 벽에 차볼까? "엄마 공에 공기 좀 더 넣어 주세요?" 그러자! 빵빵한 똥보 아저씨가 돼버렸다.(공이) "내가, 어라 내가 튕겨 나가 버리잖아!" "으악~" 하지만 공기는 안 뺐다. ^^

오늘한 일: 인터넷으로 요금이왕창 나왔다.

내일할 일: 주산 암산은 내일 모레 간다.

⤷ (지어낸 이야기)   신 사이

□ _어 ㅊ 년_ 월 =ㅎ일 水요일 날씨 ☀️ ☁️ ☂️ ⛄

일어난 시간	잠드는 시간
8시 4 0분	10시 30분~

못頁目 = 이상한 나라? | 주인공 = 다카상, 김정신
다카상 : 정신아, 돼지 다! | 김정신 = 복권 사게?
다카상 = 아니 (돼지 옆으로 지나 간다.) (돼지가 도망 간다.)
꾸엑~ | 김정신 = 야! | 다카상 = 정신아, 뭐해?
김정신 = 이거 봐! 새끼 도H지야 | 다카상 = 뭐
너 욕 썼어. | 김정신 = 아 니 다카 상 야!

오늘한 일

내일할 일

=이천 년 =월= 일 썬데이요일 날씨 ☀️ ☁️ ☂️ ⛄

일어난 시간 9시 잠드는 시간 10시 30분

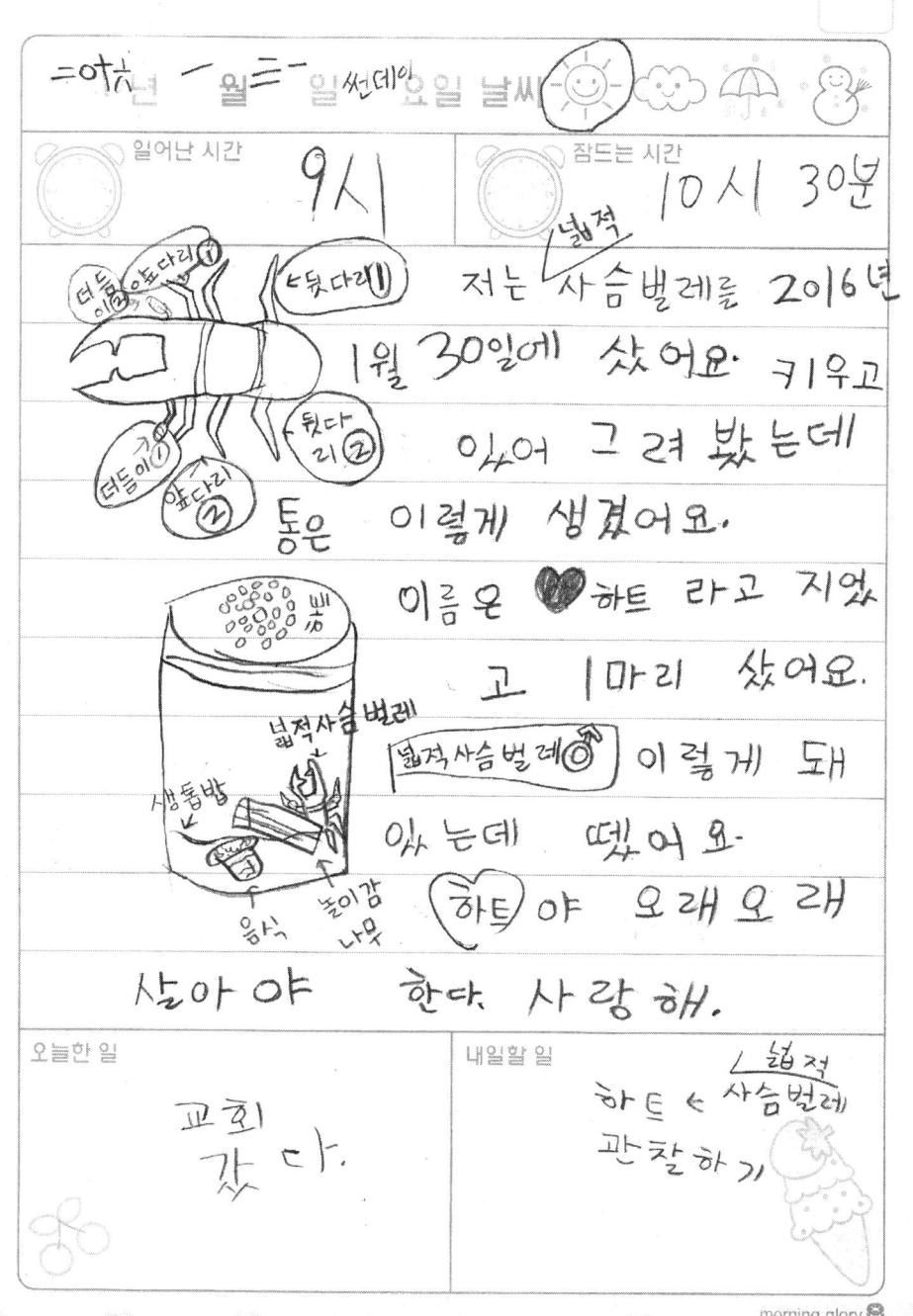

저는 사슴벌레를 2016년 1월 30일에 샀어요. 키우고 있어 그려 봤는데 통은 이렇게 생겼어요. 이름은 ♥하트 라고 지었고 1마리 샀어요. 넙적사슴벌레 이렇게 돼있는데 뗐어요. 하트야 오래오래 살아야 한다. 사랑해.

오늘한 일: 교회 갔다.

내일할 일: 하트 ← 넙적 사슴벌레 관찰하기

20○○년 ○월 ○일 日요일 날씨 ☀

일어난 시간: 9시
잠드는 시간: 10시 30분

題目: 넙적 사슴벌레 관찰일기
햇빛이 너무 강한지라 깔아 놓은 흙 속으로 파고 들어간다.
파고 또 파고 또 파고 맨 밑까지 갔다가 멈추다가 옆의 흙으로 파고 계속 파고 들어간다.
옆으로, 옆으로, 옆으로 가다가 머리를 빼다가 다시 옆으로 가려고 한다. 마법에 걸린 것처럼 계속 옆으로 계속 간다.
그러다가 멈춰서 움직이지 않는다.

오늘한 일: 교회 갔다.

내일할 일: 넙적 사슴벌레 관찰하기

二o어六년 二월 二일 화요일 날씨 중간

일어난 시간: 9시
잠드는 시간: 11시

준수가 나에게 콩 알탄을 줬다.
콩 알 탄안에 작은 동그
라미가 있다.
그것을 바닥에 세게
던지면 펑 하며 터지며
안에 들어 있던 돌멩이
들이 톡톡 튀긴다. 힐끗
사슴벌레는 계속 흙속에 있고
나오지 않 았습니다.
(콩알탄 불발인 것도 있었습니당~)

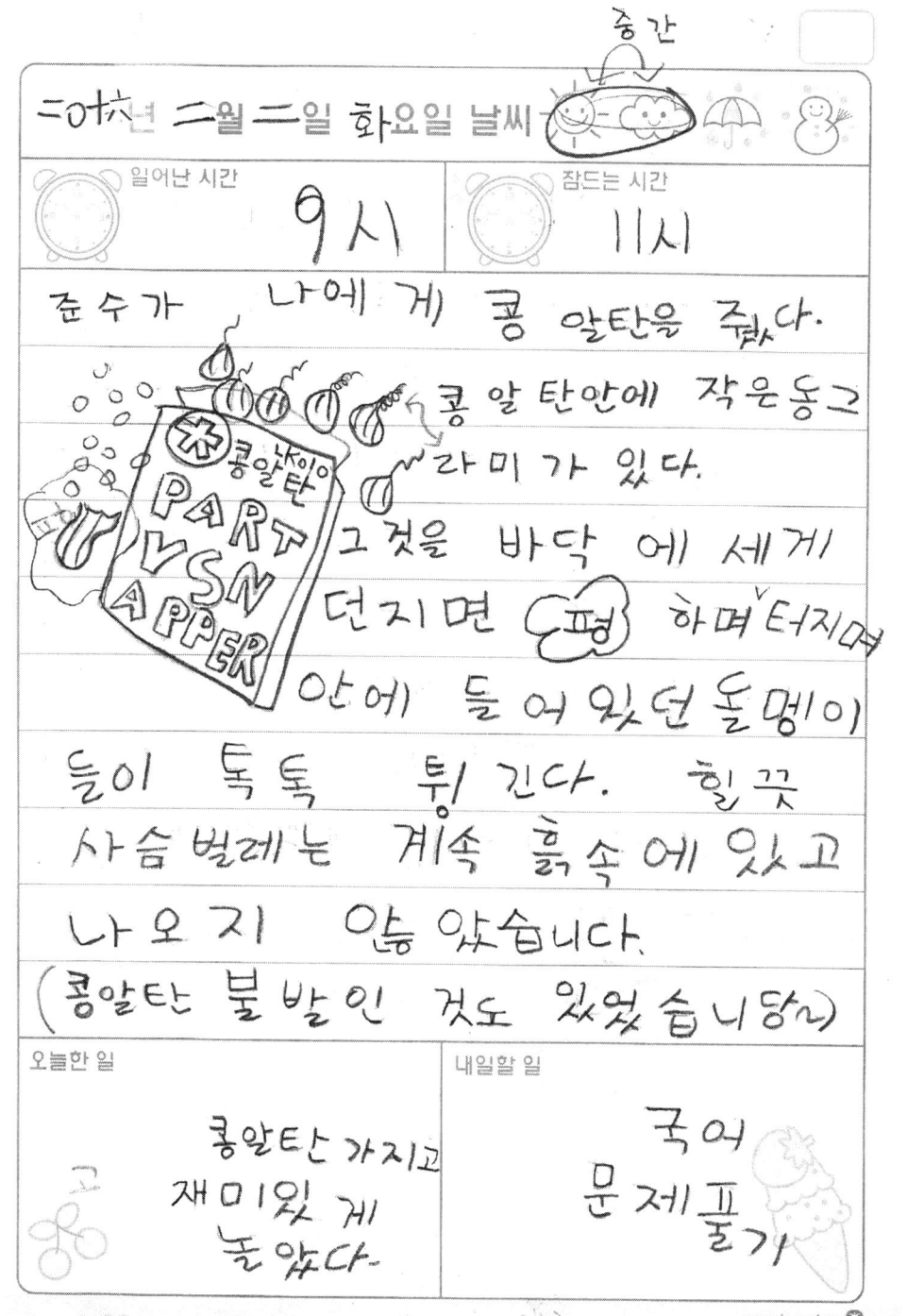

오늘한 일: 콩알탄 가지고 재미있게 놀았다.

내일할 일: 국어 문제풀기

二월 一五일 月요일	☀ ⛅ ☁ ☂ ☔
일어난 시각 7시 40분	잠자는 시각 10시 30분

題目: 영어 공부

현서 영어 공부를 시키는데 정말 말을 빨리 하다가 다틀리는 현서 때문에 어떻게 이런 것도 못할까? 라는 생각이 들었다.

역지사지. 내가 현서라면 어떨까? 라는 생각에 올라오는 화를 꾹 참았다.

오늘의 한 일	(화가 난다.) ≡3
내일의 할 일	국어 선생님 오신다.
선생님의 한마디	

二0六년 二월 九일 金요일 날씨 중간중간중간 비도 안오고...

따끈따끈한... 아니... 맛있어 보여요?
푸딩 푸딩~ 퐁퐁~

묘제목: 우리 집 고양이가 슬퍼....⁉️
저녁에 이상하게 울지 않는 고양이가 울어요! 후레시 들고 가보니 새끼를 낳는 느낌이?! 아닌데 배도 안 통통한데 이상하다? 아니면 내가 새끼들 만 사랑해 주고 저 고양이를 안 사랑해 줘서 그런가? 아님 엄마 고양이가 보고 싶나? 별일이네. 어디 아픈가?? 고향이 그리운가?
별일이네?? 아빠가 보고 싶은가? 멀리 있는데 아니... 우리 마당에는 없는데 어디 있다고 아빠가 해야 되지? 어? 너무 불땅해서(불쌍해) 이제부터 사랑을 듬뿍 줘야지!!! 결심!
근데 고양이 이름이 콩콩이였나? 아 맞다. 복복이지! 복복이가 울지 않는데 미~야옹~하고 우네. 복복아, 혹시 슬픈 사연이 있니? 고양이가 사람 말을 알아 듣지 않지... 잠깐 어디 아픈가? 동물 병원 아니 어떻게 해야.
(가만 놔 둘까? 아님...)

二아六년 二월二一일 日요일 날씨 산에가기 좋은 날🎵♪♩♩

問頁目: 아자자자!!! 신나는 과학🎵♪♩♩~

▽고무

고무장갑, 자동차 바퀴, 고무호스, 고무줄, 물놀이용튜브/등. ⑦ 가공 = 더할㉮ 加口, 장인㉮ 工 플라스틱은 다양한 모양으로 만들기 쉬워요.

사기그릇은 사기(모래㉮) 沙 그릇㉮ 器 몸몸

324 m회에펠탑은 철로 만들었어요.

음식을 보관 할때는 깨지기 쉽지만 투명한 유리로 만들어 내용물을 볼수있어 유리 그릇은 정말 예뻐요.

어제 고양이가 울었었는데 어떤 도둑 고양이가 와서 끄릉끄릉거리니까 우리 고양이도 미야옹~ 하면서 둘이 싸우다가 상처가 나서 아파서 울었던 거예요.

그래서 족발도 살을 많이 넣어서 줬는데, 아픈 고양이는 못먹고 작은 고양이들이 덤벼들어서 아픈 고양이 옆으로 먹은 것을 가져다 주니까 도망가 버리네. (담 너머로...) 다음에 줘야 되는데 이틀이나 안보여요.

어떻게 해야 할까? 🐱 고양이 다친 곳은 털이 없고 살이 다 보이는데...

二〇一六년 二월 二六일 金요일 날씨 방방 가기…안…좋은…

題目: 퐅짝 쿵 퐅짝 쿵 퐅짝 & 방방 & 착한 일!

 방방에서 나는 퐅짝퐅짝 동생 현서는 콩콩 뛰고있는데(내 동생은 아님.)다다다~ 키가 큰 언니도 쿵 쿠쿠쿵 뛰고 있네. 퐅짝퐅짝 뛰면서 현서에게 잡히지 않으려고 빨리빨리 뛰다가 언니 같아 보이는 사람하고 부딪혔는데 별로 아프지 안능았다.
다시 현서 피해서 도망가는데 깔아놓은 (방방) 노란색 쭉쭉이에 걸려 넘어졌다.
힘들어서 쉬는데 현서가…
"엄마 나 저 게임 할래?" 그러는 것이다.
그래서 나도 하게 되었다.
"야호 성공! 골인 했다. 구슬아 나오라!"
라고 말했는데 구슬이 안나오는 것이다.
뻘 뻘~ 현서가 힘들게 했는데, 엉엉~ 소리내 울었다.(우는 척) 집으로 가는 길에 내 앞에 할머니가 계란들고 가는데 무거워 보여서 내가 할머니 계란 한 판을 들어 드리자 현서도 따라했다.
착한 일을 해서 그런지 참 기분이 좋았다.

二〇一六년 二월 二六일 金요일 날씨 ☀️

방방에 갔을 때는 몰랐는데 현서가 누가 불을 켰다 껐다 하는지 알아온다고 고무 쭉쭉이 줄에 매달렸지만 보이는게 없다고 했다.
그러자 내가
"작은 선풍기 보여?"
"응"
"쌀 같이 생긴... 아니... 어, 시원하다 그치?"
"응"
나는 더 놀고 싶어서 현서와 손을 잡고 한 발로만 콩~콩 뛰었다.
현서가 먼저 넘어졌을때 어떤 애들이 방방으로 우르르 몰려왔어요.
현서 오빠는 넘어져서 아프다고 하자, 현서 어머니는 꾀병이라고 하셨다.
내가 "꾀병이래 얼른 일어나"
그래도 아프다고 했다. 다른 친구 4명과 손을 잡고 빙글빙글 돌면서 "술래잡기 할 사람" 술래잡기를 하는데 내가 잡힐 것만 같아서 "타임"이라고 외쳤다.
"아차! 오빠" "엄마, 오빠 아파요" 현서가 말했다. 그래서 현서 오빠는 좀 쉴 수 밖에 없었다.

초등학교 3학년: 일기로 소통하는 즐거움

사회 수업을 한 느낌은?
사회는 100점 맞아서 기분도 좋아요.
그리고 배추흰나비 기르는 것도 좋고요.
배추흰나비를 선생님이 많이많이 그리게 했으면 좋겠어요.
허물을 벗은 모습도 보고 싶고요.
전 못볼 수도 있어요.
하지만 키우는 것 만으로 좋아요.
돋보기로도 보고 재밌게도 보고요.
a cabbage better fly?
배추흰나비~를 보고 그리면 좋겠다.
쉬는시간에는 놀아야하고 공부시간에는 공부해야 하니. 볼 날이 없네요.
아니. 쉬는시간에 시간내서 보면 아니야 놀아야해!
 사회 수업은 아주 재미있었어요.
근데. 각광이   뭐에요? 백과사전에서 윤재가 직접 찾아보기!
친구한테서 들고 부모님에게도 들었는데.
각광?
(배추흰나비) 사회수업은 차-암 재미있었어요.
                                    ☺☆
  (그럭저럭?)
ㅎㅎㅎ 사회는 역시 힘들지만 재밌지요.

년   월   일   요일   날씨

나의 하루.
학교 갔다 와서 책읽고 그다음 놀고 그림그리고 줄넘기 하며 놀고 그럼 저녁이 된다.
그럼 공부하기.
　책읽기→놀기→그림그리기→줄넘기→자기.
그럼 끝 나는 하루.
재미 없을때 저녁에 애들의 노는 소리가 들리지만 난 공부해야 한다.
아~ 공부해놀걸ㅋㅋ
놀때는 '나중에 공부하면 되지.' No
　나의 하루는 즐겁지 않는 것 같다.
노는 시간 빼고 말이다.
놀 때와 공부할 때 다르고 또 다르다.
　나의 생각을 피노키오가 가져갔나?
　놀고 놀고 또 놀고.

년   월   일   요일   날씨

임금님 귀는 당나귀 귀
뱀이 이불이 되어주고 당나귀 귀가 되니 어떻게 할까요?
복두장이는 사람 없는 곳에서 "임금님 귀는 당나귀 이다!"라 말하고 죽었어요.
도림사 대숲에서 그 소리가 나자 대나무를 모두 잘랐고 산수유나무를 심자 "임금님 귀는 길다"라는 소리가 났어요.
진평왕 때의 사회 모습
금곡사지 원광법사 부도탑, 월송정, 경주 진평왕릉 등이 있어요.
임금님 귀가 길면 백성들의 소리를 들을 수 있지 않아요?
당나귀 귀는 이상하지만 말이에요.
사람들 귀는 유비처럼 긴 귀가 좋다고 하지 않나요?

| 년　　　월　　　일　　　요일　　　날씨 |

수영장 (신월문화센타)

주은이 언니랑 수영장을 갔습니다.
초록불이 코앞이어도 뛰지 않았습니다.
예전에 뛰다가 도착했는데 시간이, 아니, 너무 빨리 도착해서 1시간을 더 기다렸기 때문 입니다.
더운여름에 수영장을 가는 것은 좋지요.
도착❣
푸아 푸아 저 수영 잘못하는 것 같아요. (그래도 좋아)
자. 수영 끝내고 떡볶이랑 과자를 벌써부터 먹고 싶네요.
　생각 만 해도 재미 있고 좋지요.
오늘은 세상에서 제일 좋은날이 될 것 같은 느낌이 드네요.
물고기처럼 자유롭게 물속에서 놀수있었으면
　좋겠습니다.
수영 조아 ♡~

년   월   일 · 요일   날씨   (   )

是頁目: 알들을 구하자!

이 이야기에는 꾸며주는 말이 많이 나와요.
쿵, 저적, 화작, 통, 풀썩이라는 재미있는 말이 많이 나와요. 뱀은 알을 노리고 있고 알들을 구해 준 동물들은 코끼리, 하마, 황새, 사자 들이 알을 구해줬어요. 알을 걱정한 동물도 있을까요? 네! 맞아요. 암탉이에요. 알에서 누가 나올까? 알에서 병아리가 끝 부분에 나와요.

저도 병아리를 만져보고 시포요~ 부드러운 느낌? 말랑 말랑한 느낌? 아니 면 다음은 생각 못해 봤어요.

그리고 우리 고양이는 아니, 나비라는 고양이가 있는데 그애는 없어졌다. (나는 죽은 것 같은데ㅠ) 집에서 멀리 갔어요.

내가 키우는 우리고양이 총7마리

(중)고양이 2마리

↑
어린이 고양이 4마리

↑
어른고양이 1마리

문제目: 왜? 왜? 왜?
국어는 왜 만들어졌을까?
왜? 왜? 왜?
과학은? 왜? 왜? 왜? 왜? 만들어졌을까?
수학도? 왜? 만들어졌을까?
수학은 논리적인 사고와 예측할 수 있는 예측능력 추리할 수 있는 추리능력이 있는 것을 잘 조립하거나 새로운 것을 창조하는 창의적 사고능력 등을 해결할 수 있는 능력을 향상시킵니다.
그리고 세상의 이치를 배우기 위해 과학은 필요해요.
국어는 우리나라 말이니까 당연히 알아야 할 것 같아요.
또 세종대왕께서는 천문학과 과학의 중요성을 아셨어요.
그래서 과학은 배워야 할 것 같아요.
지도를 통해 배울 수 있는 사회도 꼭 있어야 할 것 같습니다.
우리가 지금 배우고 있는 과목은 우리에게 꼭 필요한 것 같습니다.
(공부는 힘들지만 배워 놓으면 나중에 힘이 되겠죠.)
⇧ 이거 은재 생각이니? 놀라운걸.. ☺

긴 시간? (내 꿈)
나는 오전이 짧은 시간같고 오후가 긴 시간 같다.
오전에는 뛰어 놀고 오후에는 공부하고 하지만 놀면 미래에 대한 투자가 없지만 공부를 하면 미래에 대한 투자를 할 수 있을 것 같아요.
그래서 저는 공부를 하는 이유는 미래에 좋은 꿈을 이루기 위해 공부하는 것! 이라고 생각합니다.
공부라는 것은 공부를 해서 세상을 알게 되고 꿈이 가까워지는 것 같습니다.
"하지만 공부하기가 힘들어서 공부를 못 할 때가 있어요"
이렇게 힘든 공부인데 위인들은 어떻게 공부를 했을까? 어떻게 견뎌 냈을까?
아마도 꾸준히 했을 거예요. (꿈을 이루기 위해)
근데요 내 꿈은... 만화가 인데 책을 많이 읽어야 한대요.
동화책? 아니 모든 책을 읽어야 할 것 같아요.
은재의 꿈은?

My favorite subject is science
It was interesting.

우주.

토성의 고리는 다양한 크기의 돌과얼음 조각이 모여서 이루어진 거예요.

크기?는 크기도 토성 지름의 2배가 넘어요.

토성의 고리를 옆에서 보면 두께가 얇아서 없는 것처럼 보이게 돼요.

지구는 이 장면을 약 15년에 한 번씩 볼수 있어요.

토성은 크로노스가 다스려요.

저는 토성이 작아지면 목고리로 쓰고 싶어요.

(토성)하지만 얼음과 먼지 투성이로 만들어진 토성을 목에 걸면 기분이.... 좋을까요?

먼지를 목에 걸고 얼음은 차가워서.... 지저분 하고 차가운 목고리...(하지만 토성을 볼 때는 토성이 예뻐요.) 토성은 얼음과 먼지덩어리가 뭉쳐져서 만들어졌는데. 손에 놓으면 분해 돼 버리지 않을까요?

☆ 과학을 좋아하는 구나! 우리은재!
글쓰기도 엄청 잘 하는걸?

〈개미 관찰일기〉1
큰 개미와 작은 개미를 잡았는데요.
젤리에 개미굴을 파라고 구멍을 뚫어 줬는데 안들어 가려고 하네요.
큰 개미는 유리창을 자꾸만 기어가는데 못 내려오는 것 같아요.
두 개미가 한 구멍에 머리를 박고 뭔가 보고 있어요.
'응? 뭘까?...'
나가려고 숨구멍에 더듬이를 꺼내기도 해요.
한 개미가 어떤 곳을 쳐다보면 다른 한 개미도 똑같은 곳을 쳐다보네요.
큰 개미는 더듬이로 주변을 살피고, 작은 개미는 구덩이 안에 들어갈까? 말까? 하고. 나는 관찰하고....
아니... 내가 개미를 관찰하는 게 아니라 개미가 날 관찰하는 느낌이 든다.
젤리 구덩이라서 젤리 먹으면서 구멍 파는 거예요.
개미 관찰하는 것이...오...ㅠ
큰 개미를 작은 개미가 구덩이에 빠트리네.
-신기신기.

전 5월 5일에 방방 갔어요.
친구와 방방가서 뛰는데 "친구야, 야!와봐"라고
할 때 마다 하인처럼 가야 했어요.
재밌는게 없어서 가려고 하면 "이것 봐봐!"라고
못 가게하는 것 같아요.
"난 뛰는 것이 더 재미있는데"라고 하며 친구
에게 가지요.
으...전 화가나진 않았어요! 친구끼리...
나중에 저 혼자 점핑 스카이에 갔어요.
친구끼리가 아니니까 하고 싶은 것이 달랐
거든요.
　방방..예전에 동생하고 갈 때가 더 재밌었는
데 동생도 쫓기는 기분이었을까?! 조금 오
라고 한 것 뿐인데.
기분이 나빴을까? 내가 아니 친구가 그런
것 같이. 방방은 기분나쁘라고 가는 곳이 아
닌 데....
　나도 기분은 아니 친구업이 혼자가니까 더
재밌다. 이리 저리 안 가도 되고.
방방이 그렇게 재밌나?
난 그렇게 재밌지 않았는데 방방
에서 황인찬을 만나서 좀 더 재미있
었던 것 같아요.
※ 인찬이는 명령하지 않지? ※

엄마는 내 마음을 몰라요.
(내 엄마나 색연필에 가볼래(사고 싶은 게 있어요.)
마음에 드는게 없어요.(나 사고 싶은게 진짜 많은데) 같이 내가 색연필에 가자고하면 엄마는 다녀 오라고 하고 같이 들어가서 봐주지 않아요.
엄마가 원망스럽긴 하지만 아빠가 힘든일로 번 돈을 장난감 사는데 쓰면 안되지요.
엄마 저게 뭐예요.(저거 조금 사고 싶네.) 라고 말했지만 먹는 것이면 먹고 끝이잖아요.
엄마들은 3학년들이 시시한 장난감 사는 것을 싫어하는 것 같아요.
저는 사고 싶은데 말이죠.
엄마는 내 마음을 몰라요.
왜냐하면 있는 것 다 내 마음이니까요.
엄마는 내마음을 아주 많이 몰라요.
모르고 말고요.
재밌는 엄마... (우리)

☺☆ 엄마도 다~ 알고계신거야!

헉..

년   월   일   요일   날씨

아토피 교육을 한 소감:오늘 수업에서 배운 것.
과장&ooo주스&ooo음료수& 모두 색깔이 들어갔네?..
그 색깔들을 석유로 만든다닛?!
그럼 그걸 먹은 우리는 어떻게 되는 거지?
아니요. 물웅덩이에
물웅덩이에 무지개 빛이 떠 있는 거 봤죠.
그때부터 그 석유를 색깔로 만들었대요.
말이 안 되지만
환타.과자.음료수에도 많이 들어 있는 거죠?
석유가요.
이제아..아니 우정이는 그런 환타같은 것 싫
어 해서 안 먹는대요.
전 먹었는데 말이죠.
과자도 물어볼 걸.   과자도 안좋아用♡-♡
석유가 들어 있는지...   먹지말기!!
말이 안 돼요.
근데 인정을....

년   월   일   요일   날씨

자리를 바꾼 나의 소감
자리, 제 앞에는 이세준 제 뒤에는 이건이음.
건이는 자주 울고 장난을 많이 치는 것 같아요.
하지만 제 앞에 키큰 이세준 때문에 안보일까?
칠판이 보이네요.
짝이 없어도 괜찮은 것 같은 느낌이 드네요.
집중이 잘 되는 것 같아요.
짝이 다시 된다면 여는여, 남은남 으로 짝하
면 좋겠어요.
저는 짝은 그래도 별로 안 중요해서요.
짝이 없으니까 집중력이 더 올라가는 것 같
은데.
장난을 뒤나 앞에서 안 쳐서 더 좋은 것같
은 느낌이 들어요.
저는요.
아니 우리 엄마는요.
짝이 없어야 집중력이 생긴대요.

년   월   일   요일   날씨

가평에서 일어난 일.
토요일에 가평에 갔다.
햇빛이 그렇게 많이 밝지는 않았다.
토요일에 잠을 잤는데 잠이 안오고 덥고 땀나
서 이불을 걷고 뒤척뒤척이다 베개를 아래쪽에
넣어두었다.
눈을 뜨니 새벽이었다.
엄마와 산책을 펜션 주변 개울가 옆을 걸었다.
다슬기를 잡는 사람들이 있었다.
나도 가서 2개를 받아서 참방참방 되돌아
왔다. (아빠의 친구 아들)
나무 계단에 앉아 있으니 깜깜하고 필선이
오빠의 뒤척이는 소리도 몇번 들렸다.
아침이 었다. (개울가로)
난 침대를 왔다 갔다 하고 내려 갔다.
오빠,나,엄마는 돌을돌로 맞히기를 하였다.
나는 한방도못 맞혀 눈물이 고이고 슬펐다.
아주 멀리 있는 바위 말고 작은 바위를 가리
키며 그 돌을 맞히기로 하자고 했다.
가까이 있는 바위는 돌을던지면 다시 되돌아와
다칠수 있다고하였다.

년   월   일   요일   날씨

가평에서 일어난 일.
내 생각은 안한 것 같았다.
속상했다.
내 실력은 가까이 있는 바위에만 되는데.
살살 던지면 되는데.
울고 싶었지만 물속으로 들어가 물고기만 잡았다.
물 수제비를 하는 소리도 들렸다.
모두다 한번씩 맞혔는데 나는 한 번도 못 맞혔다.
울고 싶었지만 돌멩이 틈만 돌아보았다.
나도 맞혀 보고 싶었다.
아친아오빠가 우리 엄마 아들 인 것 같았다.
지금은 사진을 찍고 돌을 던져서 울지는 않았다.
대신 집에 있는 다락방에 올라가 하트 모양 베개를 꼭 안았다.
그리고 베개를 놓고 놀이터에 다녀와서 저녁 쯤에 슬픔을 먹음고 일기를 썼다.
캠핑이 슬픈 캠핑이 된 것 같았다.

| 년 | 월 | 일 | 요일 | 날씨 |

우리 반 선생님이 된다면...??

제가 선생님이 된다면 미술을 많이 하고 싶습니다.
그림 그리는 것이 재밌고 미술 활동을 하고 만드는 것이 재미있기 때문입니다.
쉬는 시간까지 하고 싶은 ^^ 미술이 클레이, 부채, 찰흙 등이 재미 있었기 때문입니다.
무엇보다전 물감을 사용하는 미술을 많이 하면 좋겠습니다.
제가 선생님이라면 어느 날에는 하루동안 미술수업만 있음. 밖에 나가 예쁜 것을 관찰해서 그리게 해야 그림에 자신감이 생기고, 많이 그릴수록 노력을 하게 되어 좋은 그림을 완성한다고 생각합니다.
관찰하는 활동을 (미술) 많이 하고 어느 날에는 시간표에 미술만 있는 요일을 만들겠습니다.
제가 선생님이라면 미술 활동을 많이 할 것입니다.

월   일   요일   날씨

지하)

엄마는 지하에 가면 안 된다고 하신다.
내가 말한 지하는 거기가 아니다.
놀이터 옆쪽 왼쪽으로 가면 1, 2, 3 이라고 적
힌 문이 있다.
거기의 1번 문에 가면 조그만 방이 있다.
불은 우리가 밟대는 곳 여기저기에 켜진다.
왼쪽에는 벽만있다.
그곳은 우리가 경도 할 때 숨는 곳이다.
그곳을 친구들은 경도지하 라고 한다.
그냥 놀이터에서 왼쪽으로 꺾으면 나온다.
내려 가지 않아도 된다.
그 쪽에 1, 2, 3번 문만 있다.
자동차도 없고 냄새도 안난다.
깜깜하지도 않은 조그마한 네모난 방이
다.
난 그곳을 말한 것이다.
엄마는 무슨 지하인지도 모르면서 나한테
가지 말라고 화를 낼때 마다 엄마가 황당
하게 느껴진다.
엄마는 참 이상하다.

운재가 어머니께 어떤 지하인지
설명해드리고 함께 가보렴!

년   월   일   요일   날씨

예전에.... 추석에....

(예전에) 추석에 사촌언니의 집에서 잤다.

언니 방에는 가지고 싶은 인형과 책이 많이있었다. 모두 가지고 싶었다.

언니의 방부터 서랍장까지 모두 잘 정리 되어 있었다.

수학귀신 이라는 책도 마음에 들었지만 내가 아무거나 다 가져갈 수는 없다.

우리 집보다는 엄청 좋았다.

그 날 저녁 낯선 집에서 자서 그런지 잠이 안와 심하게 뒤척였다.

에어컨의 동그란 부분이 파랗게 보이는 것도 귀신처럼 보였다.

깜깜 해서 그런지 천장이 흐릿하게 보인 것 같았다.

정이 안든 집에서 자고 일어나니 몸이 찌뿌둥 하였다.

아침이다. 둘째 날 부터 "뭐야? 나만 안일어난 건가?" 라고 생각하던 참에 아무도 안보이고 방은 고요했다.

TV가 있는 방에는 아빠가 주무시고 계셨다.

엄마는 부엌 쪽에 서 계셨다.

이제야 맘을 놓고 TV를 보려는데 아침을 먹어야 한다고 해서 할머니 집으로

년   월   일   요일   날씨

자리 바꾸기 생각 (역할 인터뷰?) 후~!

자기자신이 종이에 적는 것이지만 3번이나~4번 탈락해 할 힘도 없었다.

아주 오랜시간… 1시간~3시간… 넘 많은 시간이 지난것 같다.

은정이, 나, 상훈이가 나왔다.

상훈이는 정했지만 나는 아무것이나 하였다.

/자리 바꾸기전 정민이가 나와 은정이에게 이렇게 말했다.

(사실난 할사람이 없었다.)

"건모가 짝이 없다고 아까 울었어."

라고 하였다.

은정이는 건모와 짝을 해보았으니 나 밖에 없겠다 하였다.

건모는 나랑 1~2학년 때 짝이 돼 보아서 나는 건모를 아주 잘 안다.

건모 뒤에 선 사람은 아무도 없었다.

다행이 짝이 생기긴 하였지만, 건모 뒤에 왜 아무도 안서는지 궁금하였다.

(건모도 안 괜찮지 않은 고양이 소리를 잘내는 귀여운 아이일 뿐이라고 난 생각해 보았다. 이렇게 열린 마음으로 편견없이 친구를 대하는 은재! 아주 예쁜걸?

(수업에 관한 생각)?!...음...♡
...생각 안해 보았...지만... 아♡
낙서 수업은 아주 재미 있었어요.
발표는 못 했지만요.
짝이 종이를 가져 가서 나도 그쪽으로 갔다가..
사인펜이 안 나와서 바꾸고...
하지만 재미 있었어요.
다투지도 않았고요.
직— 찍— 긋~는 소리가 시끄러웠지만
찾는 것이 재미있었어요.
짝은 "팍 팍" 해 버리고 저는... 저도 팍팍...
낙서 수업이 재미있었고요.
"미안해"라고 말하는 수업도 재미있었어요.
저는.. 몇 명 한테 말했더라?
잠깐./ 선생님, 선생님도 말 했어요?
누구에게요? -궁금 궁금♡ 아니! 난 안말했어!
저는... 아 몽...1명... 비밀♡ 애들 모두가 건모에게 사과한 것 같은 느낌이...
그 시간 에는 건모에게 거의 다 가 있었던 것 같은데... 아♡ 몇 몇 이야기만 빼면 건모가 놀림받았나? 라는 생각이 드는 것 같아요.

| 년 월 일 요일 날씨 |

나비는 wants to play

※(북극여우.나비다 고양이임.)

(왜) 그 바구니에 뭐가 있니 나비?

야옹~

그것은 북극여우!

야옹~야옹~

북극여우는 새끼를 낳았어요.

야옹~야옹~

나비는 새끼고양이와 놀고싶어했어요.

야옹~야옹

새끼고양이는 낙엽을 가지고 놀았어요.

야옹~야옹

나비는 새끼고양이와도 놀고 싶었어요.

야옹~! 나비는 공을 보았어요.

야옹야옹. 새끼고양이는 귀뚜라미와 놀고 있었어요.

야옹야옹 새끼고양이는 뛰었어요.

새끼고양이는 점프했어요.

야옹야옹~ 새끼고양이도 나비와 놀고 싶었어요.

meow. meow.

what's the basket.

나비?

| 년 | 월 | 일 | 요일 | 날씨 |

하린이와 놀기 (무서운 책 중심.)

나는 하린이와 무서운 책을 보았다. 그중에 이런 것이 있었다.

(휴)A 책상에 또 똑같은 초콜릿이 있어서 이번에는 그냥 먹었다.

먹자. 책상에서 귀신이 나와 "이제 내 사랑을 받아 준거야?"라고 하였다.

ㅠㅠ 정말 재미있었다.

(아니 무서웠다.)

그리고 하린이랑 같이보니 재미있었다.

그림책, 요괴워치, 무서운 책, 이야기 등이 있었다.

그러나 하린이는 나가서 놀고싶은 마음이 산 같이 쌓였나보다.

나보고 나가서 같이 놀수 있냐고 물어본다.

책을 더 읽고 싶은데, 하린이가 책을 좋아했으면 좋겠다.

근데 하린이는 아인슈타인같이 기발한 생각을 잘하는 것 같다.

왜냐하면 액체괴물 노란색도 만들었고 그랬으니.

아인슈타인, 에디슨, 장영실 등 다양한 인물을 많이 닮은 것 같은 느낌이 든다.

그리고 하린이와 재미있게 논 것이 좋다.

요즘 하린이와 자주 노는구나 ♡

년   월   일   요일   날씨

♡ 파나 친구들과 ♬

친구들은 월요일에 교회를 간다.
나는 해린이의 교회에서 놀았다.
그리고 하린이의 집에서 할로윈 파티를 하였는데
이정민도 한다고 해서 정민이의 집을 두드렸다······
···· 정민이 옆에 있는 집에 이런 글씨가 써 있었다. "심장장애 환자가 있습니다. 소음금지" 라고
적혀 있었다.
정민이 집은 쥐 죽은 듯 조용하였다.
심장어쩌구 하는 집은 클래식 소리와 야호, 꺄앗, 응응 하는 소리가 들렸다.
우리는 정민이를 계속 불렀지만 대답이 없어서 되돌아왔다.
유우찬, 황인찬 등 친구들에게도 전화를 해보았지만 전화를 받지 않았다.
휴~ 우리 둘만 할로윈 파티를 하자니 섭섭했다.
하지만 아주 재미있었다.
스티커놀이, TV보기, 만화책보기, 몸으로 놀이하기,
등으로 아주 재미있었습니다.

그래도 신나게 할로윈파티를 했네!
재미있었겠다!

년   월   일   요일   날씨

가평에서 일어난 이야기 다시 보기.

(중심) 늠

아침에 일어나자 코고는 냄새와 소리가 귓가에 울렸다.
조용하게 일렁이는 계곡 냄새도 나고 짹짹 거리는 참새 소리와 따뜻한 온기와 뒤척이는 소리와 다리에있는 작은 먼지가 풀풀 올라오는 느낌도 났다. 햇빛도 내 이부자리를 찬찬히 둘러 고루고루 비추었다.
나는 천천히 일어났다.
계단은 한칸- 한칸- 내려갈 때마다 삐걱뻐-ㄱ 이라는 작은 소리를 냈고, 모든 온기가 내 얼굴 위에 모여 있는 것 같았다.

성분-
마늘: 강한 살균 작용이 있어, 감기, 기관 지염등을 예방하고 혈액순환도 돕습니다.
감자: 영양분이 많고 탄소화물이므로 소화가 잘 되며 비타민 B, C. 칼슘, 인, 칼륨 등 무기질이 많이 있습니다.

주제 : 《죽음의 먼지가 내려와요》 읽고 나서

더운 여름은 공부를 하기 힘든 날씨이다. 하늘은 맑고 구름도 참 뽀송뽀송하다. 하지만 난 아무것도 하거나 먹기 싫다. 더운 여름, 내 배는 꾸룩꾸룩 마법의 요리를 만드는 것처럼 뜨겁다. 감기에 걸려서 그런지 움직이기 싫고 맨날 아이스크림만 먹고 싶다. 온몸이 불가마처럼 뜨거운데 감기는 왜 걸리는지 모르겠다. 더군다나 이 날씨에는 놀 애들이 한 명도 없다는 것이 슬프다. 우리 집은 자동차가 많이 다니는 곳에 위치해 있다. 자동차가 지나갈 때마다 문 닫고 또 닫고 자동차가 올 때마다 닫는 것이 얼마나 힘든지 모른다. 이 습관은 《죽음의 먼지가 내려와요》를 읽고 나서 만들어졌다. 자동차가 편리한 줄만 알았는데 편리한 자동차 웃음 뒤에 미세먼지라는 작은 살인자가 숨어 있었다. 나는 그림 그리는 것을 좋아한다. 언제나 종이와 연필은 항상 내 가까이에 있다. 끄적끄적 주인공이 살고 있는 장쑤성을 그렸다. 자동차 매연과 공장의 굴뚝, 석탄 난로들이 아이들의 폐를 벌레처럼 갉아 먹는 장면을 그렸다. 예전에 우리 할아버지가 간암에 걸려 돌아가셨는데 꼭 자동차가 우리의 건강을 훔쳐 가는 도둑처럼 보인다. 무서운 암처럼.

두 번째 그림은 내가 살고 있는 대한민국 서울을 그렸다. 집 안쪽에는 축 늘어져 있는 엄마와 나를 그리고 그 주변은 선풍기가 윙윙~ 에어컨을 쌩쌩~ 틀었는데도 나와 엄마는 무기력하게 늘어져 있다. 집 밖으로는 자동차와 오토바이 매연이 우리 집을 뜨거운 열기로 달군 장면을 그렸다.
이번 여름은 너무 더웠다. 어른들에게 받고 싶은 선물을 세 번째 그림에 그렸다. 아빠와 나는 《죽음의 먼지가 내려와요》를 읽고 나서 가까운 거리면 아빠는 자전거를 타고 다니신다. 그래서 아빠의 자동차는 휴식 중이다. 종이 한가운데 휴식 중인

자동차를 그리고 그 앞으로 나와 아빠가 한가로이 누워있는 모습을 그렸다. 아빠가 주무시는 동안 나는 물고기와 신나게 놀았다. 자동차 주변에는 황무지를 아름다운 정원으로 가꾼 메리를 불러 멋진 나무도 심고 동물 친구인 딕콘도 그림 속에 초대해 다 같이 노는 장면을 그렸다.

세 번째 그림처럼 내가 살고 있는 이곳도 덥지 않고 시원한 여름이었으면 좋겠다. 여름마다 더위를 피해 가는 캠핑의 그곳처럼 내 키보다 훨씬 커서 올려다보는 나무들이 많았으면 좋겠다. 내 그림과 이 책을 어른들이 같이 보면서 우리들이 덥지 않고 신나게 놀 수 있는 환경을 만들었으면 좋겠다.

환경부 장관상 수상작

용추 계곡 폭포 - 용이 폭포에 살다가 승천한 웅덩이
경기도 가평군 가평읍 승안리

용추계곡에서 용추폭포로 가려고 애를 썼다. 돌을 건너가기가 쉽지 않았다. 건너다가 미끄러져서 나의 목까지 오는 물에 빠졌다. 하지만 재미있었다. 나무에 걸려 넘어져도 재미있었다. 나무에 작은 아주 작은 하얗고 부드러운 하얀색과 야광색인 독버섯? 무서워서 달리다가 미끌했다. 풍덩~ 드디어 폭포에 도착했다. 오는 도중에 모래와 나뭇잎이 발에 끼어서 고생 좀 했다. 아빠는 폭포수에 머리를 집어넣고 폭포수 아래에 눕고 쏟아지는 폭포수를 안고 폭포를 온몸으로 느꼈다. 나도 따라 해 보았는데 으악! 전기에 감전된 것처럼 찌릿하더니 등에 얼음을 댄 것처럼 차가웠다. 가슴도 얼어 버린 것 같이 쿵-쾅 한 번만 소리를 냈다. 휴~ 오는 길에 산성비와 마주쳐 산으로 올라갔다. 계곡물이 불어날 때 돌다리 건너면 위험하다고 했는데. 으~ 산성비 때문에 내 머리카락 다 빠질까 봐 달리다가 신발에 모래가 잔뜩 들어가서 다시 계곡으로 왔다. 촤악 촤악 푸학. 한순간에 계곡물이 거세졌다. 나는 아빠가 올라가는 걸 보고 따라 올라갔다. 아! 도착했다. 주인아저씨의 개 백구가 보이는 것을 보니 도착한 것 같다. 엄마는 폭포에 가지 못해 아쉬워했고 난 하룻밤만 자고 가니 아쉬웠습니다.

2016년 12월 1일 목 요일

아침.

아침이었다. 엄마 목소리도 조금씩 들려왔다.

우리방 전구만 "꼴까닥"해서 방안에는 음침한 기운이 감돌았다.

일어나려고 해도 몸위로 전자레인지가 활활 타고있고 그 위에 자명종 시계가 난리법석을 떠는 것 같았다.

무거운 몸을 엉거주춤 움직여 겨우 일어났는데 다리에 힘이 없다.

엄마는 7:30분에 깨우지만 나는 7:40분에 일어난다.

그리고 머리 빗고, 화장실 다녀오고 물마시고 자리에 앉는데 38분 정도 걸리므로 40+38=78분 이므로 8:18분이 된다.

밥 먹는데 2분 걸리고 8:20분에 이닦고 8:30분에 준비하고 나간다.

2학년인 정현서랑 같이 간다.

정현서에게 무서운 이야기를 하다 보면 어느새 현서는 저쪽으로 가야해서 헤어지고 8:32분쯤 계단을 올라가다 보면 이정민, 이하린, 김예찬, 김준수, 이지운, 이서연과 만나게 된다.

또 새로운 하루가 시작된다.

오늘의 반성

내일의 계획 학교가기→책읽기→그림그리기→휴식→과학·국어숙제→쉬기→저녁밥→한자·영어·수학→자기.

2016년 12월 1일 목 요일

알람 시계

삐— 삐— 삐삐—/삐 삐 알람시계가 울린다.
귀를 틀어막고 이불을 덮어써도 귓가에 울린다.
사이렌 같다.
엄마가 한번 뒤척였다. (엄마가 일어나고 나를 깨운다.
는 말이 없다.) 나는 이걸 놓칠세라 얼른 알람을 끄고 전화
기를 위로 올렸다.
그리고 얼른 일어나 엄마를 깨우며 이렇게 말했다.
"엄마 나 일찍 일어났는데 왜 아직도 안 일어났어? 알람 울린지 4
분이나 지났어요!"
라고 말하며 신발을 얼른 골라 신었다.
그리고 쇼파위에 앉아 가방에 챙길것 다 챙기고 자리
에 앉아 있었다.
하지만 알람시계는 삐—삐삐삐 라며 멈추지 않
았다.
　　ㅠㅠ ㅋㅋㅋ

오늘의 반성　　　　　내일의 계획

2016년 12월 2일 금요일

고마움.

은찬이가 오늘 나에게 썼던 그릇을 깨끗이 씻어주었다.

저녁 때 그릇을 분리해서 싱크대에 넣어놓으려고 뚜껑을 열자. "톡"

그 안에는 8개의 푸딩이 있었다.

설거지를 하는것도 은찬이 의 엄마가 힘드셨을 텐데 젤리까지 넣어주니 고마웠다.

은찬이에게 고맙다고 말 해 주고 싶은데 입이 안 떨어지는 것 같다.

입아 떨어져라...

"은찬이에게 나 없을 때 자신 있게 말할 사람?"

조용—

??

오늘의 반성	내일의 계획

( )

2016 년 12월 9일 금요일

이번주 하이라이트

저번주 정답: 이서연, 유운찬~♡♡ ♡(가나)츃!

오늘의 온돌만들기.

나는 클레이 검은색, 초록색, 빨간색, 노란색을 가지고 오고 찰흙 4개도 가지고 왔다. (짚신고)

반 친구인 상희와 이서연은 너무 죽이 잘맞아서 잔소리할때도 같이 내귀를 찢어 놓는 것 같다. 헉;

내 주변 아이들이 접착제를 많이 쓰고 상희도 돌을 돌에 붙인다고 많이 썼다.

나는 왜그러는지 알기위해 내 손에 찰흙을 바른다음 접착제를 손이곳저곳에 짰다.

성능이 좋은가 보기위해서다.

하지만 박박 긁고 물과 비누로 빡빡 문질러도 지금 오후 8시 55분 까지 지워질 기색이 안보인다...

(물티슈가 많이 필요한 상황도 있었다.) 헉......

하지만 상희가 가져온 마네킹의 발이 너무 작아 내가 만든 짚신에 퐁당 빠져 있다.

짚신 한짝 위에 인형(마네킹)을 앉히니 스케이트 보드가 됐다.

하지만 즐거웠다.

오늘의 반성	내일의 계획

| 2017년 1월 1일 일요일 | 날씨: 구름 뒤에 해 |

버스를 타고 김포 평화누리길을 최준식 쌤과 박승아랑 교회 다니는 여러 사람들과 갔어요. 가는 길은 빙판길이고 눈도 아직 쌓여 있었다. 강은 얼어 있었고요. 사람들이 하도 많아서 선두에 있기 위해 빙판길을 데굴데굴 굴렀어요. 선두에서 달리게 되었는데 나무뿌리 하나 없는 깨끗한 내리막길이어서 데굴데굴 굴렀지요. 사람들이 너-무 많아서 넘어져도 앞에 사람에게 부딪히고 다시 일어설 수 있어요. 그리고 우린 비상식량이 있어요. (새우깡, 신라면)

너구리 시체에 너구리 어금니가 날카롭게 뒹굴고 하악 학- 오르막길이 힘들지 않았는데 숨소리가 급해요. 적응이 되었을 때는 산이 이미 끝날 때였어요. 털썩! 버스에 드러눕고 싶을 정도로 힘들었어요. 눈을 붙이는가 싶었는데 끼-익 버스가 멈춰 섰어요. 내리라네요. 하지만 아직 김포였어요. 최준식 선생님을 따라 들어갔는데 뷔페였어요. 된장찌개, 밥, 김, 잡채, 김밥, 무 김치, 순두부찌개, 초밥 등 아주 다양하게 많았어요. 저는 김밥 1개, 김, 보리밥, 만두 3개 먹었어요. 다시 버스로 출발했는데 올 때는 길이 안 막힐 땐 1시간 30분이 걸렸는데 이번에는 길이 막혔어요. 승아와 자기로 하고 제 잠바는 무릎에 덮고 승아 잠바로 얼굴을 덮어썼어요. 아주 깜깜했어요. 승아가 무서운 이야기를 해주었지만 금방 잠이 들었어요. 슥-슥슥 얼마나 시간이 흘렀을까요. 눈을 떴는데 6시 20분이었어요. 하~앗! 이제 도착했다. 정말 즐거운 하루였어요.

( )

2017년 1월 20일 금요일 ☀ ⛅ ☁ ☂ ⛄

눈싸움 눈싸움, 눈. 미끄럼틀 눈동굴

눈동굴이 가장 재미있었다.
하지만 눈을 쌓고 사람이 들어갈 만 한 크기로 파는데 1시간 정도 걸렸다.

팍팍 팍!

하루가 지났다...

재미있었던 나의 하루 허성무의 남동생 허준혁과도 눈동굴에 갔다.
그 아인 몸이 작아서 나보단 잘 들어갔다.
흥흥
그 몸매 부럽당~ㅆㅅ

오늘의 반성	내일의 계획

12월 21일 수요일 7:20분 오후

(KTX).

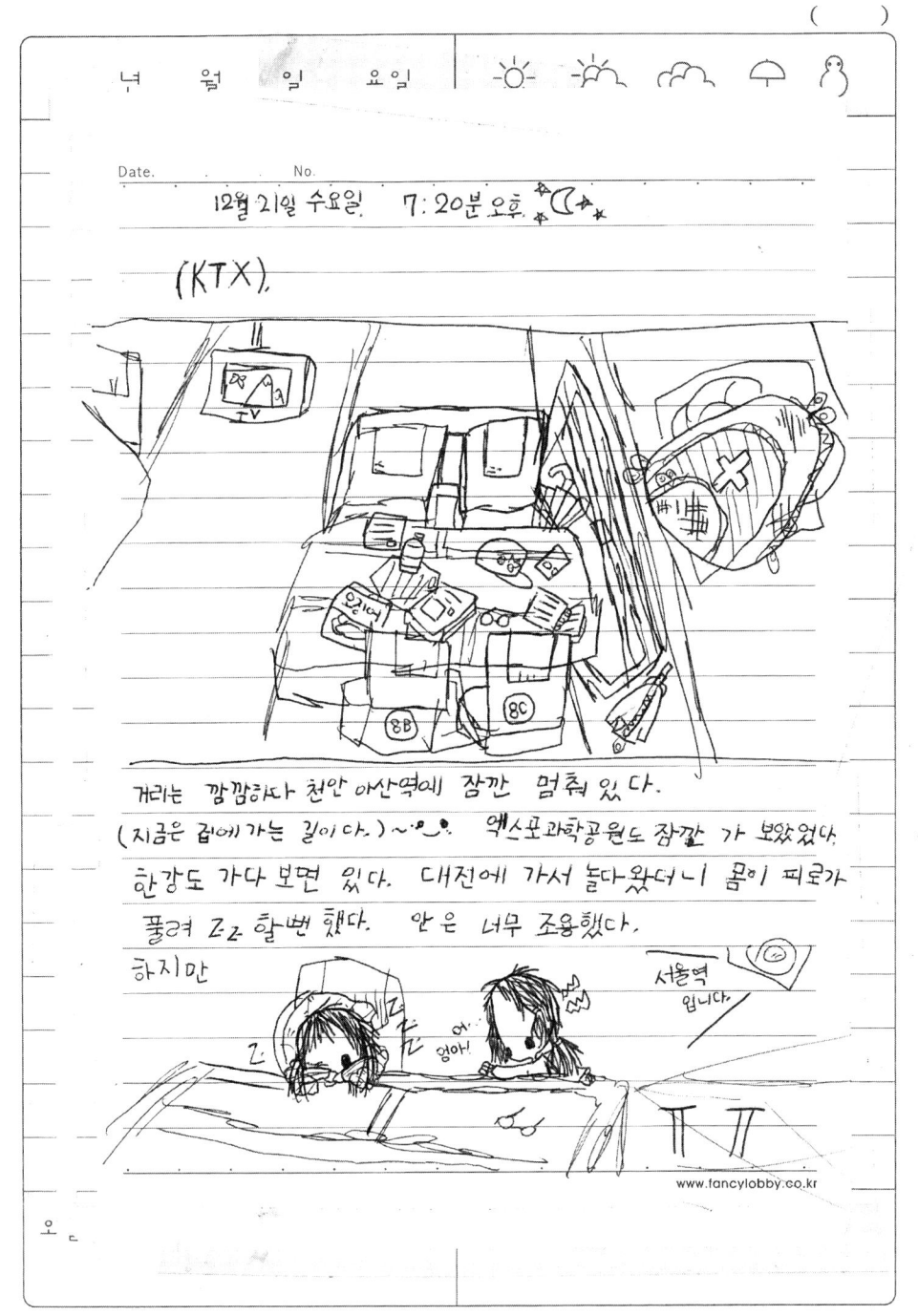

거리는 깜깜하다 천안 아산역에 잠깐 멈춰 있다. (지금은 집에 가는 길이다.) 엑스포과학공원도 잠깐 가 보았었다. 한강도 가다 보면 있다. 대전에 가서 놀다왔더니 몸이 피로가 풀려 ZZ 할뻔 했다. 안은 너무 조용했다.
하지만

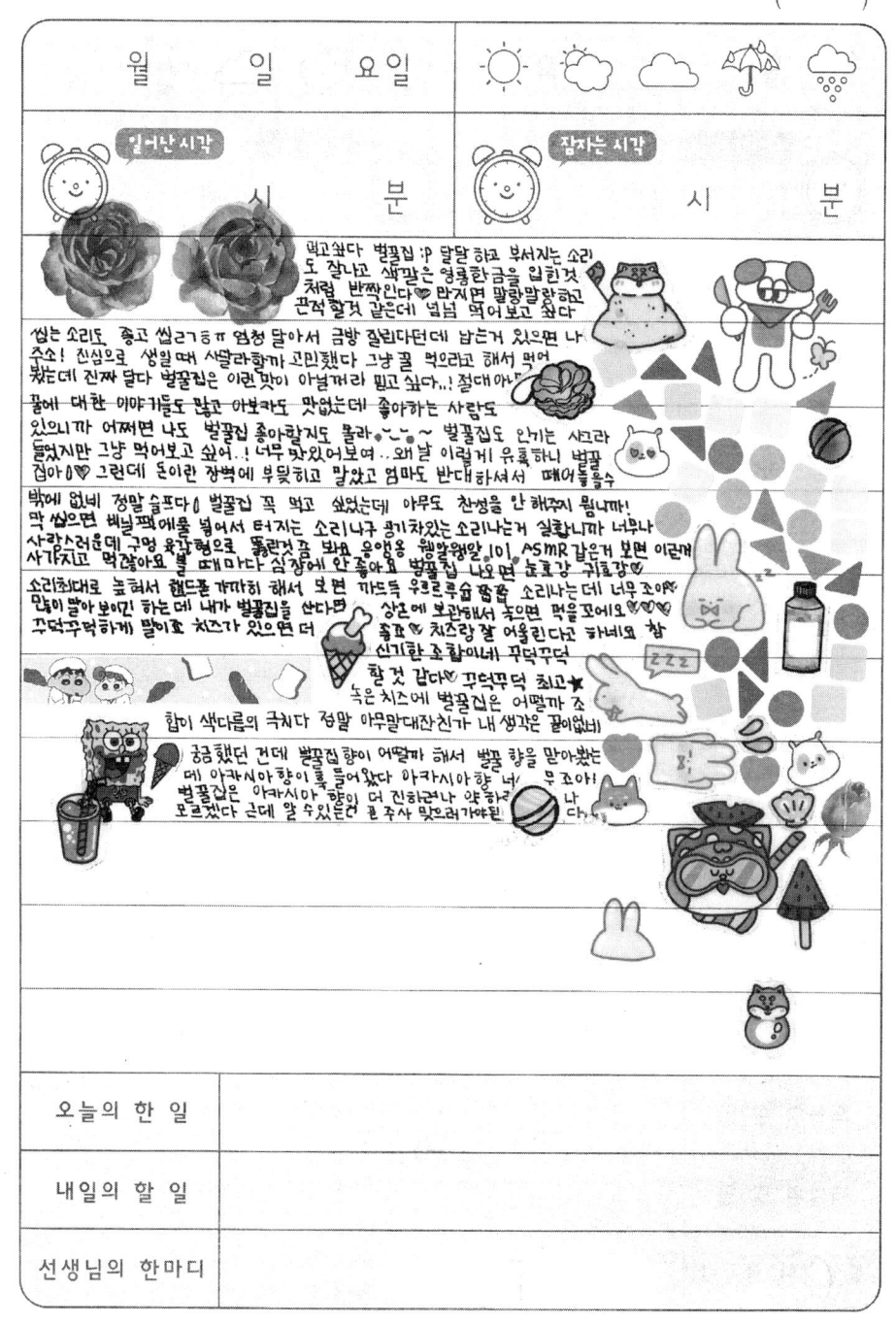

		( )
월 일 요일	☀️ ☁️ ☁️ ☂️ 🌧️	
일어난 시각 시 분	잠자는 시각 시 분	

달콤 새콤

철판아이스크림 만드는 거 사보고 싶다 😊 생크림이랑 우유랑 섞어서 과자랑 젤리 많이 넣고 마구 때려가지고 넓게펴서 돌돌 말아서 보기좋게 장식 같은거 하고 먹으면 맛있을거 같음 🍓🍦 유행은 지났는데 여름 이니까 아이스크림 많이 먹는 날이니까 직접 만들어 먹으면 더 재밌고 맛있을 것 같음 💕 생크림 진짜 쪼끔마큼 달고 맛있는데 생크림을 넣은 아이스크림이 라니?! 진짜 심쿵 당했어 오앙 색도 마음대로 할 수 있고 시럽도 뿌릴 수 있고 먹어본 적 없는데 instagram에서도 찾아봤고 YouTube 에서도 나오는데 먹고싶고 가지고 싶어 말이에도.. 🍒 하리보랑 과자랑 넣고 생크림이랑 다져서 퍼가지고 말아서 맛있게 한 입에 먹고싶다 아이스크림 사는 것보다 직접 만드는 게 더 맛있으니까! 결론은 용돈부터 모으자!!
망고 철판 아이스크림은 어떨까? 달달한 망고랑 생크림의 조합은 생각만해도 마음이 쿵신거린다

SWEET   I♥ICE CREAM   달콤하게입에서 망고 맛이 시원 하게 퍼질것 같은데 생각 할때 마다 입꼬리가 자꾸만 올라간다

yummy   과일중에서는 역시 달달하고 말랑한 망고가 최고다.

입이 귀에 걸렸음 :D 인터넷 쇼핑에서 보니까 지갑형편으로도 살수있었으! 만원짜리도 있는데 만원짜리는 짜리몽땅 했음.🍭 근데 내가 계속 가지고 노는것도 아닌데 비싼거 살필요 없음__ 또 생각이 많아졌다 나는 역시 결정장애

오늘의 한 일	
내일의 할 일	
선생님의 한마디	

미래의 대통령에게

안녕하세요?

저는 강서초등학교 5학년 9반 허은재의 엄마 박지현입니다. 제가 이렇게 편지를 쓴 이유는, 초등학교 교육의 문제점을 이야기하고자 감히 용기를 내어 몇 자 적어 봅니다.

어렸을 때 할머니가 들려준 옛날이야기들처럼 10시가 되면 책상 위로 책을 펼쳐 읽어 갑니다. 은재와 저는 12년 동안 이 시간이면 책을 읽습니다. "10분만 읽고 자자."라고 말했지만 읽다 보면 아이도 저도 책 속에 빠져 30분이 훌쩍 지나가는지 모르게 지나갑니다.

제 딸 허은재는 키가 아직 자라지 않아 작습니다. 반에서 제일 자라지 않았죠. 그래서 10시에 재우려는 습관을 들이려고 시도해 보았지만 이 과목 저 과목 학습지를 허겁지겁 풀다 보면 책 읽을 시간이 많지 않습니다.

12년 동안 잠자기 전 30분 정도 서로 책상을 마주하며 책을 읽고 또 읽는답니다. 은재는 힘들면 뒹굴면서 좀처럼 자려 하지 않습니다.

"이제 그만 읽자."

말이 떨어지기 무섭게 "조금만, 조금만 더 읽어 주세요." 그렇게 읽다 보면 11시를 넘깁니다. 책을 읽어 주는 저도 듣는 은재도 행복한 시간입니다. 이야기의 주인공이 된 것처럼 책 속으로 빠져들어 갑니다.

학교에서 즐거운 책 읽기를 선생님이 하루에 30분이라도 아이들에게 읽어 주면 얼마나 행복해질까? 아이들은 듣는 것 또한 좋아하지요. 아이들은 평가라는 잣대를 들이대지 않으면 책 읽기를 좋아합니다. 하지만 요즘 교육은 가르치고 깨칠 수 있도록 격려하는 것이 목적이 아닌 것 같습니다. 초등교육부터 아이들을 가르치는 것은 뒷전이고 먼저 평가하려고 하다 보니, 공부를 잘하는 아이든 못하는 아이든 상관없이 학원으로 가 또 앉아 수업을 받아야 하는 힘든 생활을 아이들은 하고 있습니다. 그러다 보니 5학년이 되면서 아이들은 두 부류로 나눠졌습니다. 소위 공부 잘하는 아이, 따라가지 못해 포기하는 아이들이 생겨 학교 수업 분위기를 엉망으로 만들지 않나 싶습니다. 제가 전에 신문에서 읽었던 기사인데, 미국 시카고 대학에서 '시카고 플랜'이라고 불리는 고전 100권 읽기를 전교생에게 실시하고 졸업할 때까지 100권을 읽지 못하면 졸업을 할 수 없게 했다고 합니다. 1920년 로버트 허친스 총장의 교육처럼 책 읽기를 아이들에게 수업으로 권장한다면 교실 분위기가 완전히 바뀔 거라는 걸 전 확신합니다. 같은 책을 돌아가면서 읽거나 선생님이 직접 읽어주는 것도 청각이 발달한 시기의 아이들에게 더없이 즐거운 선물일 겁니다. 로버트 허친스 총장의 인문학 프로젝트를 통해 그동안 70명이 넘는 노벨상 수상자를 배출했다고 하니 참으로 부러울 따름입니다.

12년 동안 책을 읽다 보니 제 딸 허은재도 초등학교 3학년 때 2016년 우수환경도서 독후감 공모전에서 우수상을 받아 환경부 장관상을 받았고, 초등학교 5학년 때는 큰 상은 아니지만 굿네이버스 희망편지쓰기대회에서 양천구청상을 받은 경험이 있습니다. 수상 경력을 내세우는 것이 아니라 청각이 발달된 시기 동안만이라도 꾸준히 책을 읽어줄 수 있도록 시간을 주세요. 공부해야 할 과목과 단원들이 너무 많아 키뿐만 아니라 생각도 자라기를 멈춘 것 같아 안타깝습니다.

우리 교육의 문제점
1. 문제 달달 반복해서 외우는 공부 잘하는 학생 만들기
2. 공부 잘해서 가는 서울대 - 노벨상 수상자 나왔나?
3. 공부 잘하면 세계적인 축구선수가 될까?
4. 최고의 우수한 학생이 모였다는 서울대 - 학문 분야뿐 아니라 정치, 경제, 문화, 예술 등에서 세계적인 뛰어난 인물들을 배출했나?

우리 교육의 문제점을 해결하기 위해서는 미래에 다양한 분야에서 일할 우리 아이들의 재능을 발굴하여 그 재능이 성장할 수 있는 기회를 제공하고 키워주는 교육을 이젠 해야 한다고 생각합니다.

제가 생각한 초등학교 교육은 건물을 지을 때처럼 땅을 다져가는 과정이며 지내력(땅이 견디는 힘)이 약한 부분을 단단히 채워주어야 한다고 생각합니다. 아이들은 땅이 다져지지 않은, 지내력이 약한 아이들입니다. 그 아이들이 평가되고 좌절되면 학교뿐 아니라 더 나아가 사회의 큰 문제들을 만들 수 있습니다. 그 지내력이 약한 부분을 보충하고 채워주어야 그 어떤 건물을 짓더라도 기울어지거나 쓰러지지 않는 자신만의 멋진 건물을 완성하겠죠. 다질 수 있는 시간적 여유를 아이에게 돌려주세요. 책을 읽고 꿈을 꿀 수 있는 세상을 만들도록 시간을 주세요. 아이들은 날 수 있습니다. 날개가 없어도 날 수 있다는 것을 아이들은 믿습니다. 아이들의 꿈을 무참하게 평가라는 잣대로 재어 채 다지기 전에 좌절하지 않도록 도와주세요. 대통령 각하만이 나서서 할 수 있습니다. 저의 수천 마디 말보다 대통령 각하의 한마디가 필요합니다. 많이, 빨리 하는 것보다 깊이 하도록 각 교과서 단원을 줄여 주세요. 학교 교육이 적을수록, 책 읽기를 많이 할수록, 놀이터에서 아이들의 노는 소리가 즐거울수록 대한민국은 훨씬 행복한 나라가 되리라 믿습니다.

톨스토이 자서전에 그런 글을 읽은 적이 있습니다. 내 자신의 상상력의 근원은 아이 때 형제들과의 놀이를 통해 얻었다고. 학교는 공부만 잘하는 기준으로 아이를 평가하는 교육에서 벗어나 각각 아이의 재능과 관심사에 관심을 가지고 관심 있는 분야에서 자신의 역량을 충분히 발휘할 수 있도록 교육 프로그램을 만들어 교육시켜 나가야 한다고 생각합니다. 그러기 위해서는 공부의 단원 축소가 절실히 필요합니다.

2016년 우리는 5ㅏ나 학급문집
강서초등학교 3학년 5반

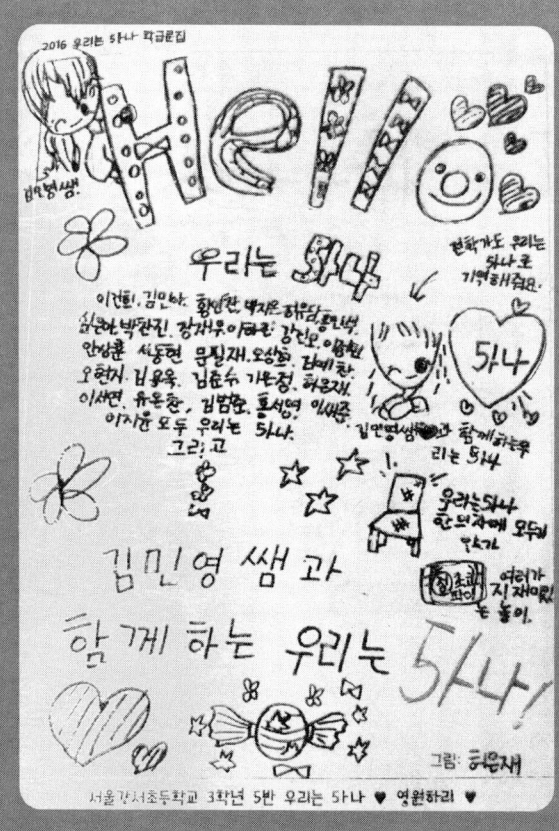

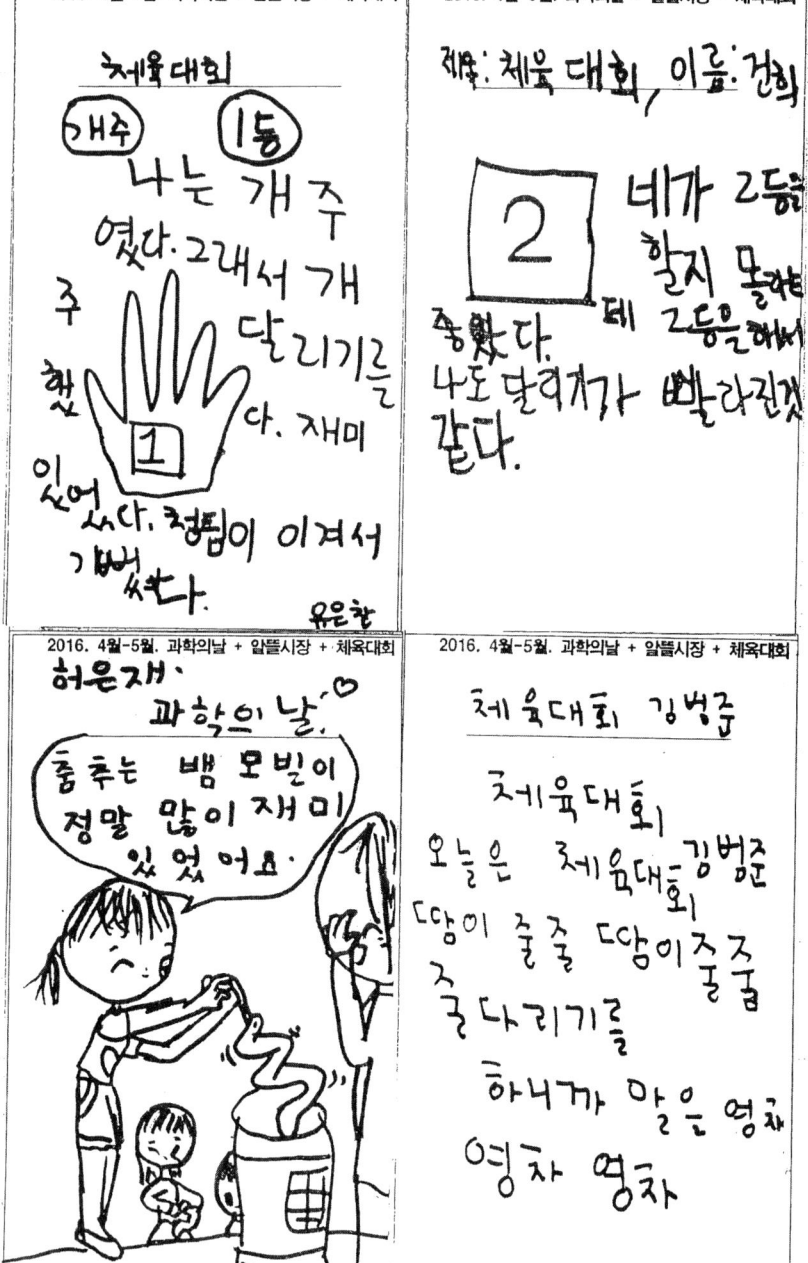

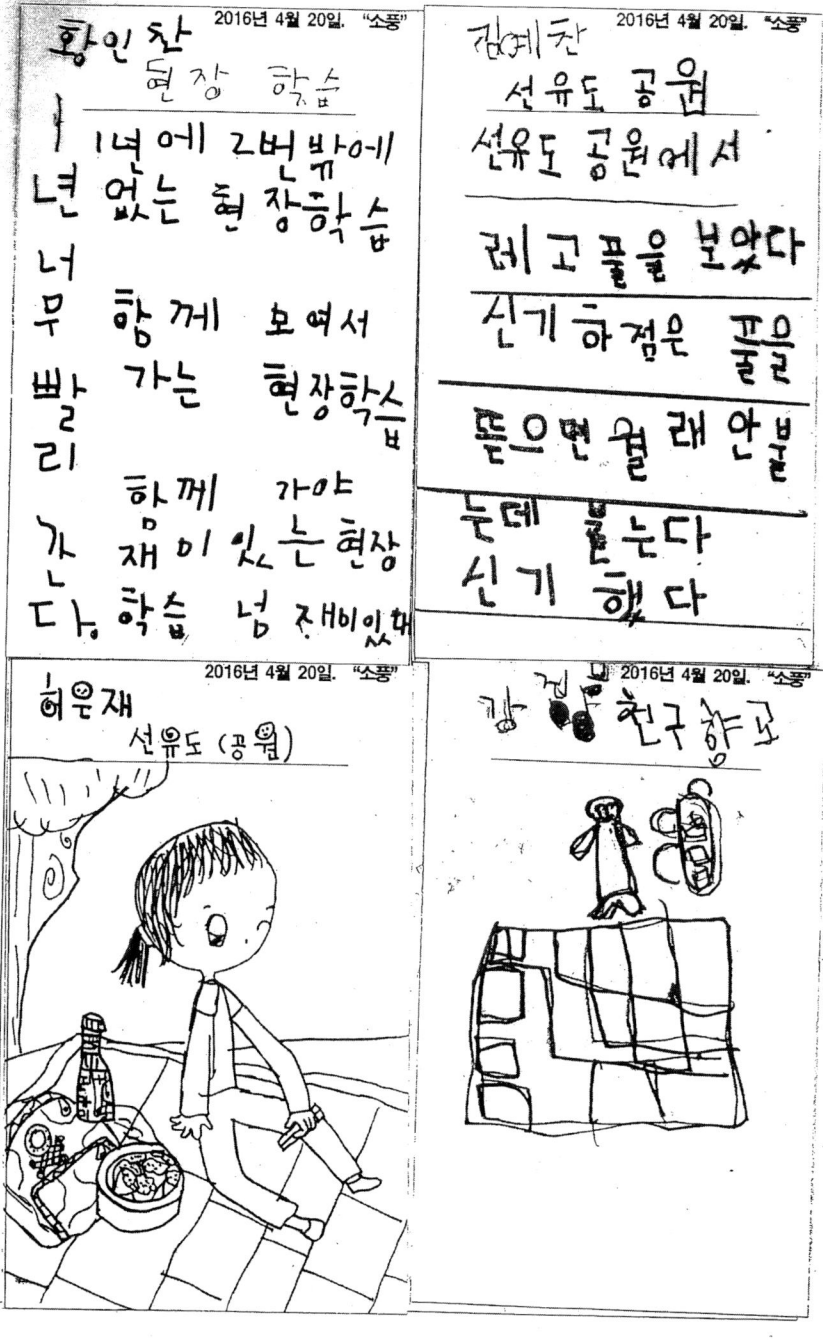

2016. 9월. 국어시간 내가 지은 재미있는 시!

장예찬
더위

여름에 친구는 더위와
태풍 올해는 더위라는
친구만 왔다
"더위야 가끔은 태양에
양보해주렴" 근데 겨울
에는 보고싶은 재미도
"내친구 더위야"

2016. 9월. 국어시간 내가 지은 재미있는 시!

허우재
우리집 나비

우리집 나비
밥 달라고 운다.
야옹—
시끄럽게 운다.
야옹— 야옹—

야옹 야옹 야옹
야옹 야옹 야옹
야옹 야옹 야옹
야옹 야옹 야옹

2016. 9월. 국어시간 내가 지은 재미있는 시!

박지우
강아지

멍멍멍! 강아지가 짖는다
놀아달라고~ 멍멍멍!

멍멍멍! 강아지가 짖는다.
밥을 달라고~ 멍멍멍!

멍멍멍! 강아지가 짖는다
멍멍멍!

2016. 9월. 국어시간 내가 지은 재미있는 시!

안상훈
원시인

우가 온가 우가 우가
우가 우가 우가 우가
우가 우가 무슨말
을 하는지 모르겠다

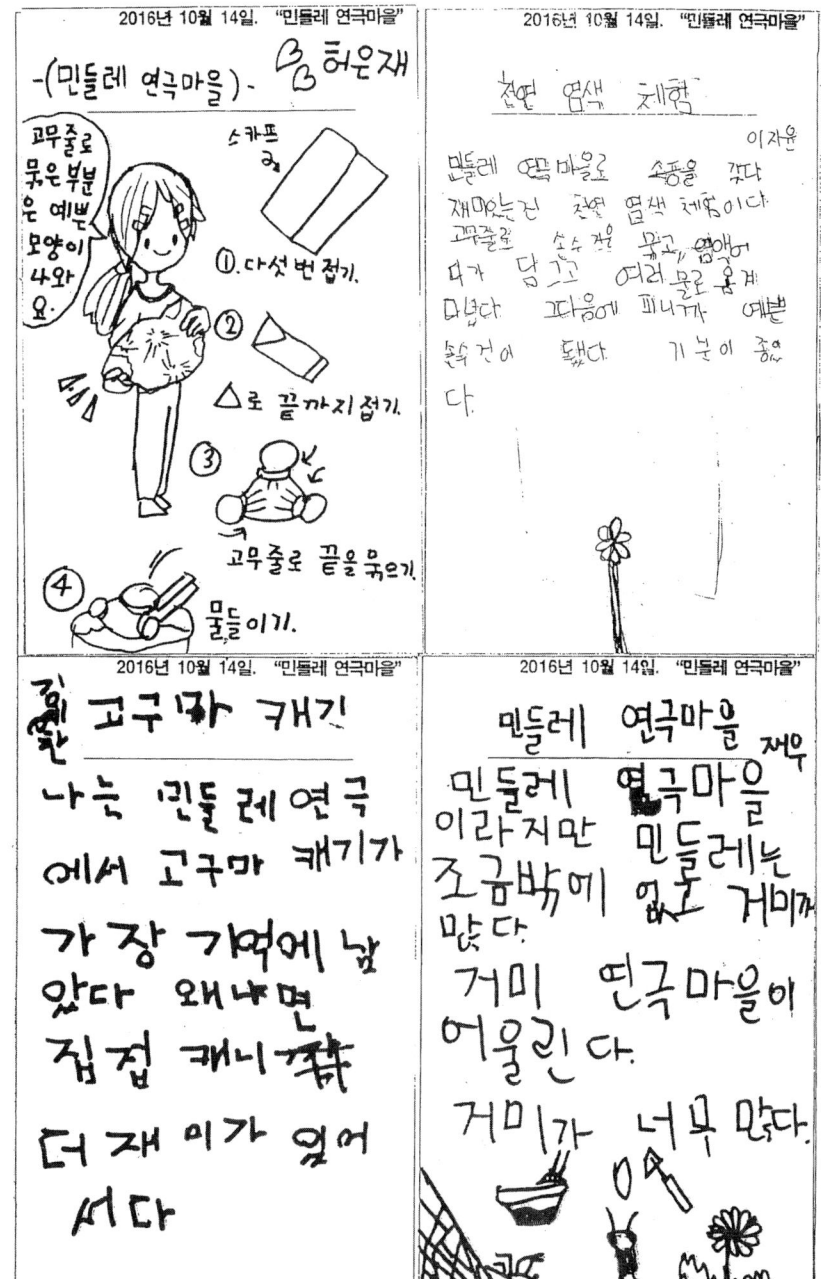

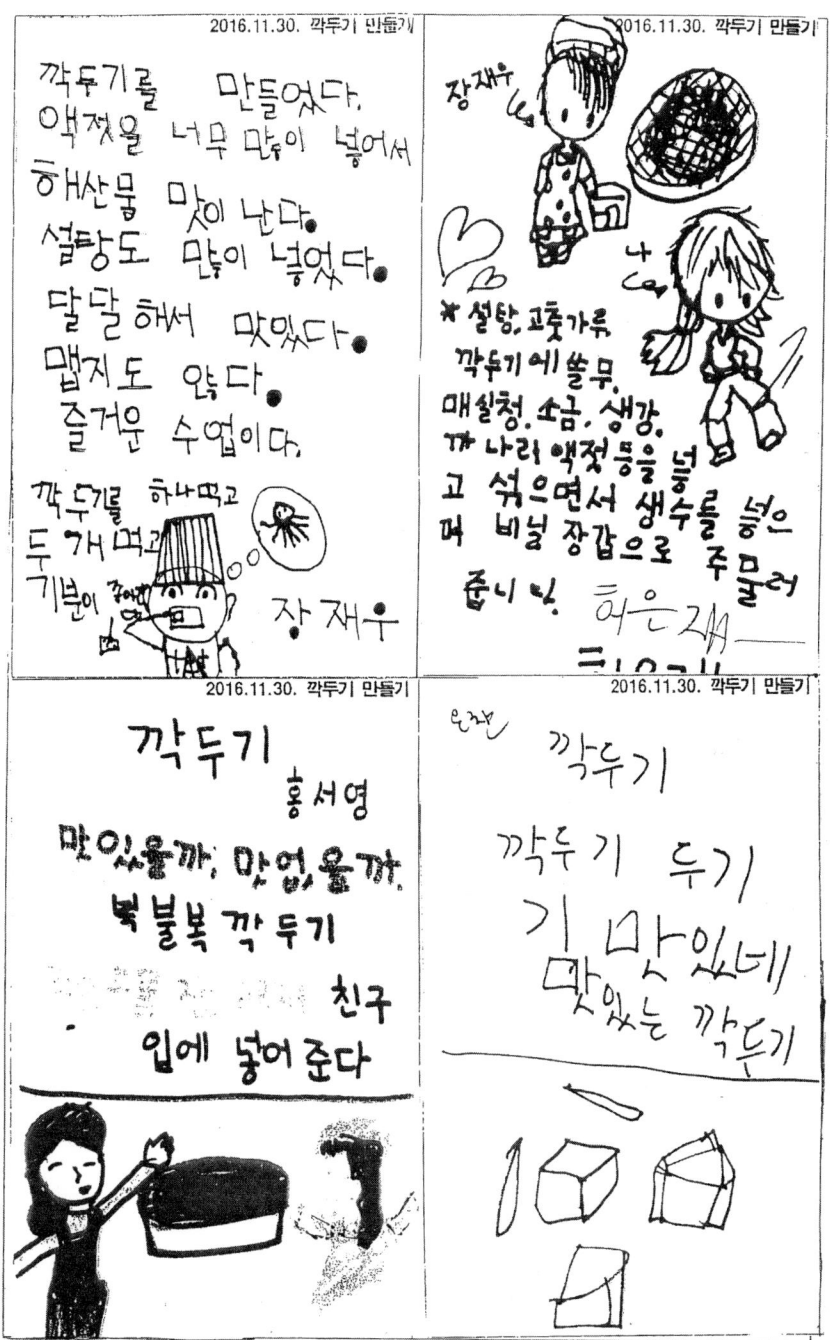

20161207 사회 2.(4) 옛것을 체험하고 새롭게 만들어봅시다 - 한옥만들기 모둠 및 준비물

옛것 체험하기 - 온돌 원리를 이용한 한옥 만들기

모둠명	한옥	모둠원	박지우, 이서연, 오상희, 허은재

우리가 만들 한옥 (온돌포함)

글	그림
수수깡으로 지붕을 만들 것이고 사람은 마네킹으로 한다 그리고 문을 만들 것이고 한지를 이쑤시개로 고정으로 할 것이다. 또 마당은 초록색종이로 마당을 만들 것이고 아궁이는 모형을 가지고 와서 해결할 것이다.	(그림)

준비물	선생님	찰흙 4개, 수수깡, 찰흙판, 향, 라이터
	허은재	클레이등, 찰흙, 신발 만들어 오기
	이서연	이쑤시개 10개
	오상희	하단 한지, 작은 돌, 나무 막대기
	박지우	접착제, 아궁이

2016.12.07. 온돌만들기

나는 아파서 온돌만들기를 하지 못했다. 엄청하고 싶고 기대되는데 너무 아쉬웠다.

이지윤

2016.12.07. 온돌만들기

이서연, 박지우, 오상호

아주 재미있었던 날이었다. 이것저것하다가 완성했었다~ ㅇ
- 허은재. -

2016.12.07. 온돌만들기

우리가 협동해 새만든 온돌은 최고의 작품이다. 유레카만의 작품으로 온돌만들기 수업을 끝내 최초로 기쁘다. 협동만 잘하면 된다. 온돌은 최고!

황인찬

2016.12.07. 온돌만들기

박지우
2016년 12월 7일에 온돌을 만들었다. 생각만큼 잘 만들지는 않았지만 꽤 잘 만든것 같았고, 나는 마네킹과 아궁이가 집보다 약간 작은 것 같았지만 잘 만들었다. 정말 재미있었다.

2016 서울강서초 3학년 5반 우리는 5ㅏ나 친구들에게!!

친구들아 안녕? 나는 범준이야 우리가 벌써 헤어져야 할시간이야 참슬프지? 나도슬퍼 우리 4학년이 되서도 우리는 5나야 예들아 우리를 잊지말자   친구들아 안녕 ♡ㅜㅡㅜ

2016 서울강서초 3학년 5반 우리는 5ㅏ나 친구들에게!!

안녕~ 우리는 5ㅏ나 친구들아. 헤어지려니 마음이 먹먹한 것 같아. 같이 놀던 때가 엊그저께 같은 데 벌써 헤어질 날을 생각하니 슬퍼. 다음에 만나는 날이 있으면 난 너희 5ㅏ나를 기억할게. 5나나를 기억해 주길 바래 그럼 나중에 만나기를. 기억하자~
5ㅏ나의 우리 김민영 쌤을 기억해줘 5나
우리모두 하나
되길 바래..
-허윤재-

<부모님 편지>

사랑하는 나의 허은재 에게

이번 일요일에 우리 가족이 도시의 사원이란 앙코르와트를 보았지. 엄마는 그 영상물에서 가장 인상적인 장면으로, 지내력(땅이 견디는 힘)이 약한 땅을 단단히 다지는 장면이었단다. 땅을 단단히 다지는 과정을 지금 엄마와 은재가 함께 하고 있다고 생각한다.
땅을 단단히 다지지 않으면 이탈리아의 피사의 사탑처럼 기울어진 채 완성되지. 무서운 일이야~
땅을 단단히 다지기 위해서는 놀 수 있으면 많이 놀고, 많이 생각하여 그리고, 책을 깊이 읽으며, 자유롭게 쓰다 보면 언젠가 은재만의 멋진 작품이 만들어 지겠지.
역사는 우연이 아닌 필연이야. 우리 가족 모두, 시간을 아껴가며 노력하자. 화이팅 허은재!

<나의 미래를 위한 다짐 글>

나의 꿈과 그 이유 + 꿈을 위해 노력할 일

작가가 나의 꿈이다. 그 이유는 작가가 되면 내가 적고 싶은 것과 말하고 싶은 것을 글의 내용으로 적는 것이 재미있을 것 같기 때문이다. 그러기 위해서는 학교책을 5장 읽고 그림을 그리기 위해 노력해야 할 것 같다.

6일

롤링 페이퍼

서울강서초등학교 3학년 5반 우리는 하나 (허은재)에게

- 은재야 나필 재야 내가 축구가대표 돼면 응원해줘

- 그림그리기에 소질이 있는 은재♡ 은재의 밝고 모든 것을 성실히하는 모습: 너무 좋았어 잊지 못할거야 4학년이 되어서도 지금처럼 예쁘고 밝게 지내자~ 미녕생이

- 안녕 난서영이야. 넌 장점이 글씨쓰기, 그림그리기야.

- 은재야 안녕 I love 은재 나하린이야 나는 너를 엄청 좋아해 하린이가

- 안녕 은재야 건강하게 오래오래 잘 살라

- 은재야 너는 그림 뚝딱잘그리고 글씨도 잘써. 지원

- 은재야 내가 너보다 그림을 못 그리지만 4학년이 돼서도 너와 그림 댓글 하고 싶어

- 안녕 나 민석이야 우리는 진하지 않아도 우리는 단짝이야 안녕!

- 엄쥴 은재야 넌 내 짝꿍이지 우리정말 국게 진했잖아 안녕

- 은재야 안녕 나 재우야 그림 잘그려 서부겁다 잘그리는법좀 알려줘

- 은재야 안녕 나는 유담이야 내생일때 생일선물 줘서고마워 우리앞으로 진해 지자 너는 그림 솜씨가 대단해! 커서 화가가 되도 되겠서 너는 그림을 정말 잘그려 -건-

- 안녕 은재야 아주멋 난 인찬이 졌어 야 너는 그림을 잘그려 -인찬-

- 10은재 은재야 내 지우야. 들었나 너는 그림을 정말 잘 그리곤걱? 암 우리 친한친구치지뭐

서울강서초등학교 3학년 5반 우리는 하나 (허은재♡)에게

- 은재야 1년동안 웃었던 추억 기억해줘
- 안녕 은재야? 나 현지야. 니 미술학원 정말 좋아 하지만도 다니고 싶어도 못다녀서 시간 미안해
- 안녕? 은재야? 난 준수야. 넌 그림 잘 그리고 목소리도 ... 최고야
- 소중한 시간, 1년 동안 함께 해서 감사합니다.~ 4학년이 되어서도 서로 배려하고, 행복하길 바라요. 샘
- 허은재안녕 나 용욱이야. 3학년때 ♡
- 안녕 은재야 너는 그림을 잘 그려서 화가 좋해도 될것같아 -예찬-
- LOVE
- 은재야 안녕? 나 서영이야 우리 사이좋게 지내자.
- 티이 활동해서 좋았는데 아쉽 4학 너 잘지 안녕내 이
- 은재야~ 안녕! 나 민아야. 너는 그림을 잘 그려 그리고 친절하고 착해. 1년 동안 잘 지냈어. 4학년 때도 잘 지내! 최고야!
- 안녕! 은재야? 1년 동안 즐겁게 놀아주어서 고마워! 우정 그리고 안녕
- ♡
- 은재야, 너와 해어 지려니 아쉬워 I ♡ YOU
- 은재야 안녕 둘이 가 가이 듣게 라 우리니 다 기어어허 의삼호
- 은재야 오래오래 살살아 넌 -은재- 어, 쨌 목소리가 귀

173

7일

내 마음대로 만화 그리기

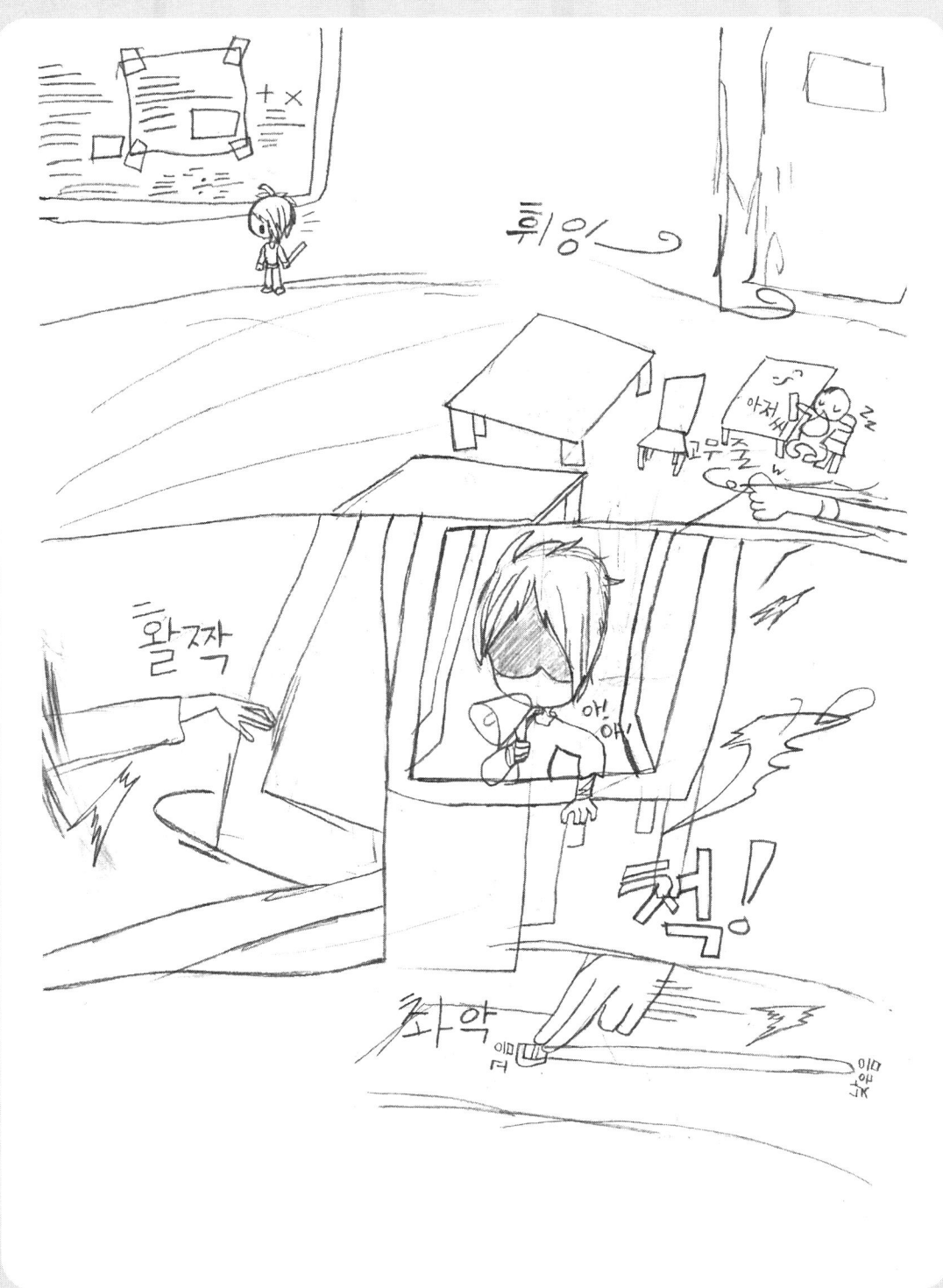

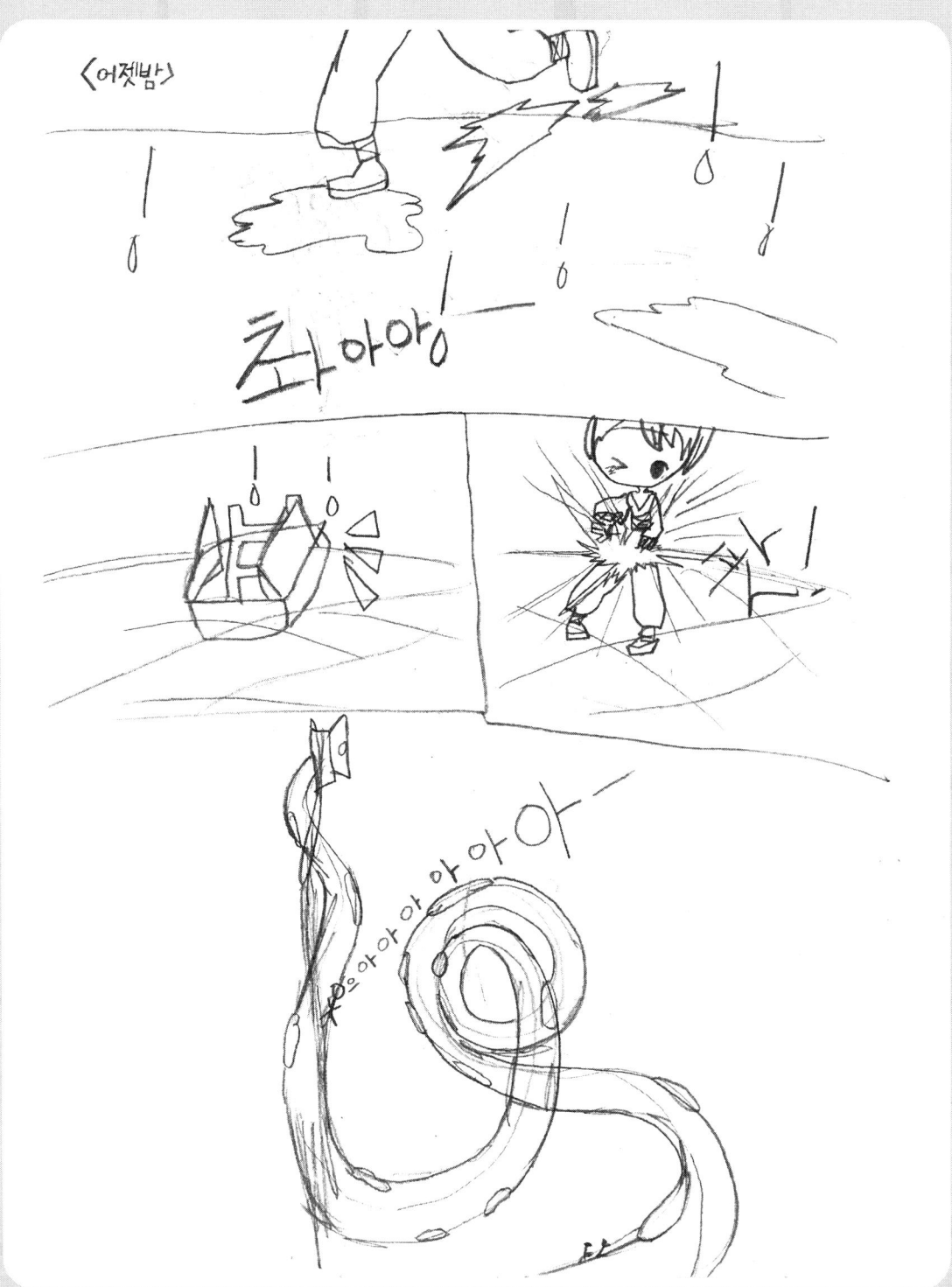

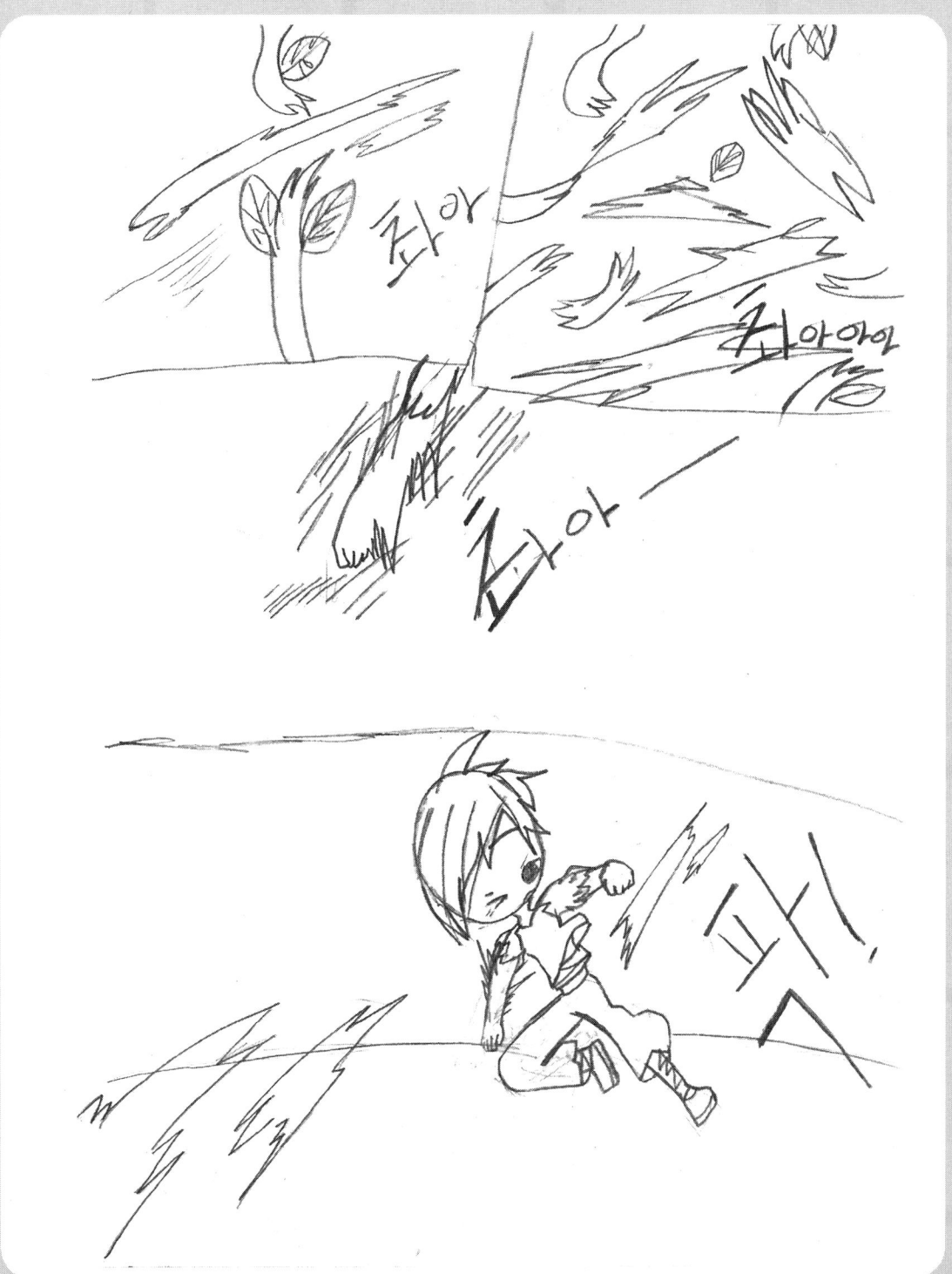

8일

귀여운 캐릭터 색칠하기

나는 꼬마 화가

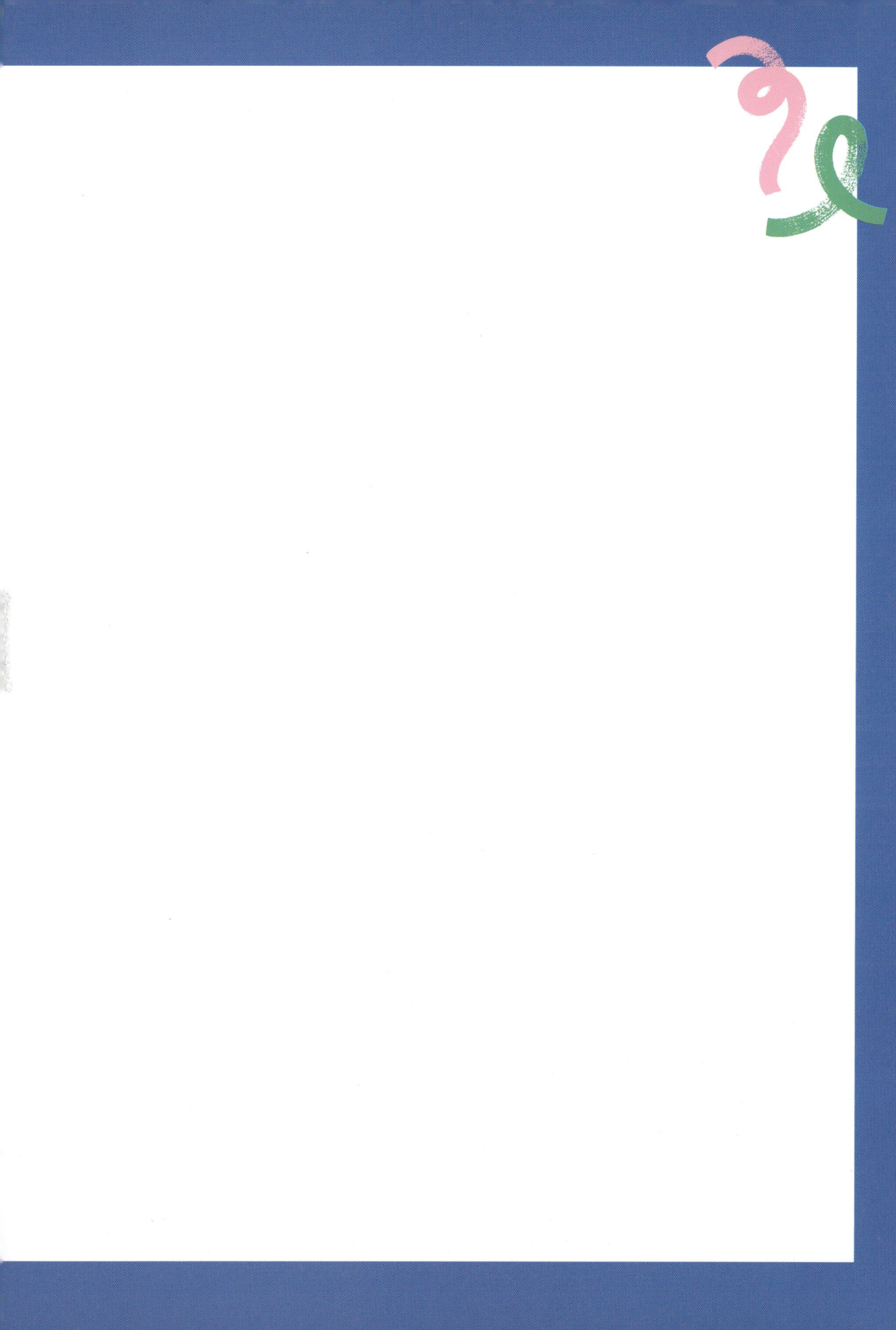

미세먼지가 내려요

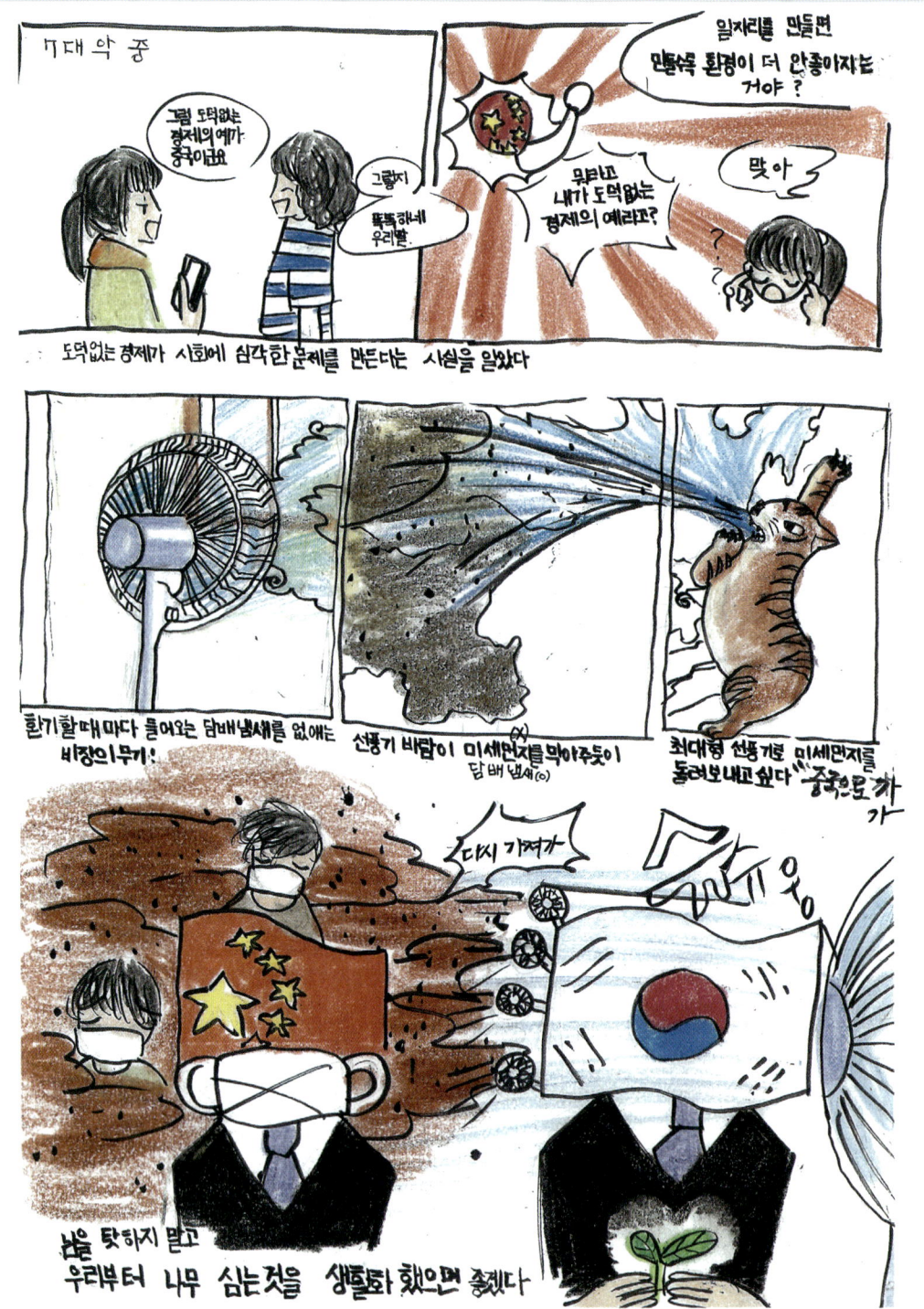

살기 좋은 곳을 만들기 위해서는 불편함을 생활화해야 합니다.

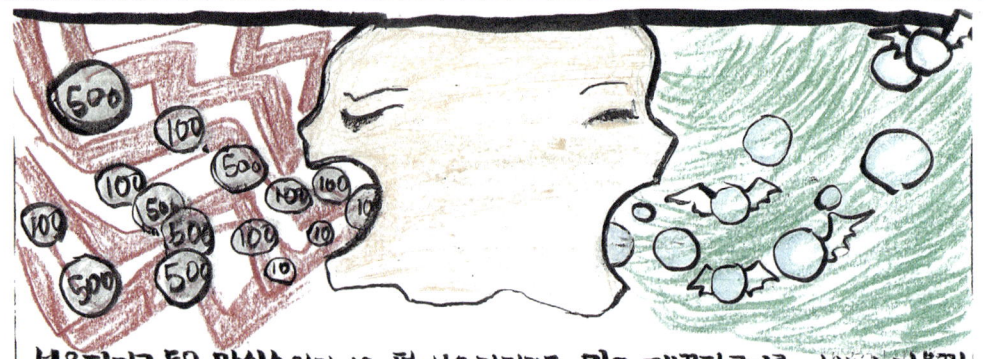

부유하다고 돈을 마실수 없잖아요 덜 부유하더라도 맑고 깨끗한 공기를 마시며 마음껏 뛰놀고 싶다

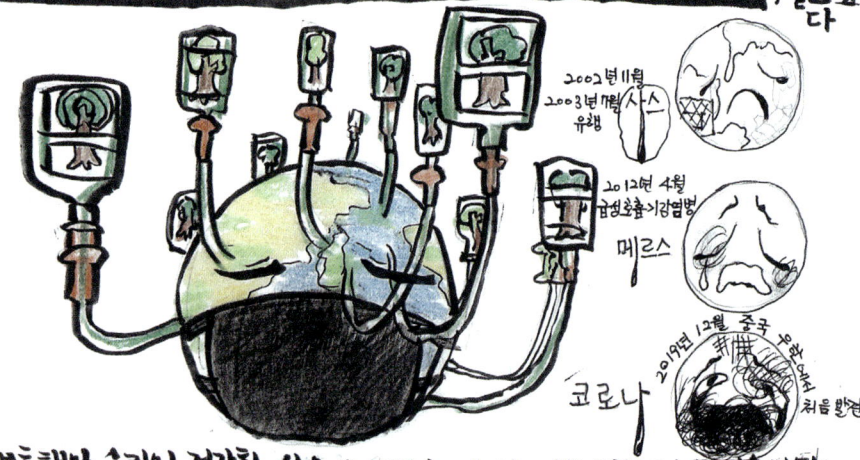

환경을 보호해야 우리의 건강한 삶을 유지할수 있다는 것을 배우게 되었습니다

난 그림그리는 것을 좋아해 시작된 환경에 대한 이야기를 통해 내가 몰라서 낭비하고 마음대로 버린 일들을 반성하고 책들을 읽어 보면서 실천해 보면서

우리가 살아가는 환경에 내가 징그럽게 여겼던 지렁이조차도 지구에 없어서는 안되는 귀중한 존재라는 것을 깨닫게되었다

우리 엄마의 아버지 외할아버지가 심장병으로 돌아가셔서 우리 엄마도 미세먼지에 민감하시다. 미세먼지가 최악인 날에는 우리엄마의 표정과 행동도 최악이라는 것을 느끼면서

내가 지구를 위해 할수 있는 일이 많다는것을 깨닫게 되었습니다

나의 갤러리

2019. 11. 코로나 19

날 수 있니?